ЗЕМЛЯ, ГДЕ ТЕЧЕТ МОЛОКО И МЕД

ЗЕМЛЯ, ГДЕ ТЕЧЕТ МОЛОКО и МЕД

Д-р Джей Рок Ли

URIM BOOKS

ЗЕМЛЯ, ГДЕ ТЕЧЕТ МОЛОКО И МЕД Д-р Джей Рок Ли

Издано «Урим Букс» (Представитель: Seongnam Vin)
235-3, Guro-dong3, Guro-gu, Seoul, Korea

Ранее, в 2007 году, издана на корейском языке издательством «Урим Букс»,
Сеул, Корея.
ISBN: 978-89-7557-107-7

Впервые издана в июне 2010 г.

Отредактирована д-ром Джеум Сан Вином.
Дизайн разработан редакционным бюро «Урим Букс».
Тираж отпечатан в типографии компании «Евон».
За более подробной информацией обращаться: urimbook@hotmail.com

Пролог

Книги по истории, описывающие факты из прошлого народов, часто становятся хорошими путеводителями для будущих поколений. Многие любят читать исторические романы.

Я с интересом прочел в свое время китайский классический роман «Троецарствие», о давних войнах, о дружбе и раздоре между народами, о том, что было на сердце у людей в минувшие времена.

Но величайшим и лучшим историческим повествованием и путеводителем в нашей жизни является Библия. Со времен сотворения мира до грядущих событий – вся человеческая история исчерпывающе отражена в Библии.

Бог избрал народ Израиля, сделав его образцом

возделывания человечества. Он и поныне проявляет Свою любовь к этому народу, чтобы привести его в прекрасное Небесное Царство. Хроника завоевания Ханаана, описанная в пяти книгах - Исход Левит, Числа, Второзаконие и Книга Иисуса Навина, - особенно полна бескрайней любви Божьей и Его глубокого желания, чтобы мы стали непорочными и освященными.

Вождь Исхода Моисей и его преемник Иисус Навин веровали во Всемогущего Бога. Они следовали воле Божьей и демонстрировали удивительные знамения и чудеса. Они славили Бога своими победами. Фараон и его приближенные отказались принять Бога Творца. Они противопоставили себя Ему. В конечном счете их постигли страшные невзгоды и проклятия.

Бог - истинный Владыка истории, управляющий жизнью, смертью, удачей и неудачей, взлетом и падением отдельных людей и целых народов.

Почему Ханаан получил название земли, в которой текут молоко и мед?

Бытие, 10:19, гласит: *«И были пределы Хананеев от*

Сидона к Герару до Газы, отсюда к Содому, Гоморре, Адме и Цевоиму до Лаши». Ханаан охватывал все земли к западу от реки Иордан.

Сегодня - это Палестина. В отличие от пустынь Египта, здесь было в изобилии воды и плодородной земли. Стада могли давать молоко, а изобилие цветов позволяло людям собирать мед. Были здесь и недоступные участки, но в основном – долины. Мягкий климат позволял выращивать оливки, виноград, гранаты, инжир и рожь. Бродили стада домашнего скота, а море кишело рыбой.

Ханаан и есть Земля Божьего обетования (Второзаконие, 11:9), а в духовном смысле - символ Царства Небесного, в которое мы страстно стремимся. Процесс завоевания земли, где текут молоко и мед, когда Израильтяне должны были положиться на обетование Божье, - символ духовной битвы в нашей христианской жизни.

Когда мы исследуем период Исхода - сорок лет странствий по пустыне, переход реки Иордан и завоевание Иерихона, а затем земли Ханаанской, - мы можем представить себе жизненный путь, ведущий к спасению и обретению Небесного Царства.

Бог вывел Израильтян из Египта и привел их в страну, где текут молоко и мед. Он также желает, чтобы каждый человек обрел истинную веру и вкусил вечность в прекрасном Небесном Царстве. Он хочет от нас веры, угодной Ему, чтобы силой Божьей давать нам ответы на любые молитвенные просьбы.

Эта книга, «Земля, где течет молока и мед», прослеживает путь Моисея и Иисуса Навина, путь, исполненный веры в Бога и Его обетование. Я надеюсь, что читатели получат благословения, узнают тайны обретения Божьих ответов и благословений. Прочтя эту книгу, вы осознаете важность, казалось бы банальных, мелочей повседневной жизни.

Я молюсь во имя Господа, чтобы мои читатели уверовали во все обетования Божьи, «завоевали» землю Ханаанскую, где текут молоко и мед, и силой взяли Небесный Иерусалим – лучшую обитель в Небесном Царстве.

Наконец, я благодарю за помощь д-ра Джеум Сан

Вин, директора издательского бюро Центральной церкви «Манмин» и ее помощников, преп. Чун Вон Ли и всех, кто молился за этот труд.

Д-р Джей Рок Ли

Пролог

Глава 1

«Выведи народ Мой из земли сей»

- Бог призывает Моисея -

Исход, 3:7-8

❧◈◈◈☙

«И сказал ГОСПОДЬ: Я увидел страдание народа Моего в Египте и услышал вопль его от приставников его; Я знаю скорби его, и иду избавить его от руки Египтян и вывести его из земли сей в землю хорошую и пространную, где течет молоко и мед, в землю Хананеев, Хеттеев, Аморреев, Ферезеев, Евеев и Иевусеев».

Сегодня мы живем в потоке информации, и компьютер приумножает наши знания и осведомленность. Компьютер выполняет функции в соответствии с установленной в нем программой.

Так и Бог спланировал возделывание человечества до начала времен, и эта программа выполнялась и выполняется до сего дня без малейшей ошибки. Израильтяне стали тем народом, который был избран исполнить провидение Бога.

Формирование народа Израиля

Бог запланировал возделывание человечества и сотворил небеса и землю и все, что в них, ради обретения истинных детей, с которыми Он мог бы разделить полноту Своей любви. Бог сотворил первого человека, Адама, Он проводил с ним вместе время и дал ему власть надо всем в мире.

Адам и Ева долго жили в Раю. Так как они по-настоящему не понимали любви Божьей, они и не хранили Его слово в своих сердцах. Впоследствии, поддавшись на искушения змея, они отведали плод с древа познания добра и зла. В результате ослушания, они были изгнаны из Рая и должны были жить и трудиться в поте лица своего.

Грехи людей преумножались – настолько, что сын Адама, Каин, убил своего собственного брата Авеля.

Во времена Ноя мир был переполнен грехом настолько, что Бог пожалел о сотворении человечества. В конце концов Он решил покарать этот мир. Он повелел Ною, единственному праведному человеку своего времени, подготовить ковчег спасения и велел ему сообщить людям о грядущем наказании.

Народ же и не думал слушать Ноя. В результате все живущие на земле, за исключением Ноя и его семьи, были наказаны потопом. Удивительно, но даже китайские иероглифы хранят память об этом событии. Например, иероглиф, обозначающий слово «корабль», является комбинацией символов «ковчега», числа «восемь» и слова «рот».

«В сей самый день вошел в ковчег Ной, и Сим, Хам и Иафет, сыновья Ноевы, и жена Ноева, и три жены сынов его с ними» (Бытие, 7:13).

То есть речь идет о восьми членах семьи Ноя, вошедших в ковчег, так как китайский иероглиф «рот» применяется в значении «рты, которые едят вместе», что, иными словами, и означает слово «семья».

Трагично, что человечество жизнями поплатилось

за грех Адама, но, с другой стороны, таков был план возделывания человечества. Бог выбрал и другого праведника для этого промысла - Авраама, названного «отцом веры».

Приблизительно четыре тысячи лет тому назад Бог избрал Авраама отцом веры и обещал ему бесчисленное потомство. Бог вызвал его из Ура Халдейского (одного из важнейших городов древней Месопотамии) и даровал ему землю Ханаанскую.

«И сказал ГОСПОДЬ Авраму, после того как Лот отделился от него: возведи очи твои, и с места, на котором ты теперь, посмотри к северу и к югу, и к востоку, и к западу. Ибо всю землю, которую ты видишь, тебе дам Я и потомству твоему навеки. И сделаю потомство твое, как песок земный; если кто может сосчитать песок земный, то и потомство твое сочтено будет. Встань, пройди по земле сей в долготу и в широту ее, ибо Я тебе дам ее» (Бытие, 13:14-17).

«И вывел его вон и сказал [ГОСПОДЬ]: посмотри на небо и сосчитай звезды, если ты можешь счесть их. И сказал ему: столько будет у тебя потомков» (Бытие, 15:5).

Бог открыл Аврааму, что произойдет с его потомками.

А именно, Бог сказал ему, что они будут рабами в Египте в течение почти четырех веков, по истечении которых вернутся в землю Ханаанскую.

«И сказал [Господь] Авраму: знай, что потомки твои будут пришельцами в земле не своей, и поработят их, и будут угнетать их четыреста лет. Но Я произведу суд над народом, у которого они будут в порабощении; после сего они выйдут с большим имуществом. А ты отойдешь к отцам твоим в мире [и] будешь погребен в старости доброй. В четвертом роде возвратятся они сюда, ибо [мера] беззаконий Аморреев доселе еще не наполнилась» (Бытие, 15:13-16).

У столетнего старца Авраама родился сын Исаак. Исаак родил Исава и Иакова. У Исава было право первенца на обретение Божьих благословений, которое он продал младшему брату своему, Иакову, за чечевичную похлебку (Бытие, 25:30-34).

Продать первородство было делом необычным. Это доказательство того, что Исаву были безразличны благословения первенца и что он не верил во Всемогущего Бога. Бог предупреждает нас не быть такими же безнравственными и безбожными, как Исав, который пренебрег первородством и духовными благословениями.

«Чтобы не было [между вами] какого блудника, или нечестивца, который бы, как Исав, за одну снедь отказался от своего первородства» (Посл. к Евреям, 12:16).

Брат его, Иаков, напротив, стремился к духовным благословениям, силой завладев ими. Он достаточно ловко обманул своего отца Исаака и получил благословения первенца. Но его сердце, жаждущее духовных благословений, было более угодно Богу.

Бог задумал исполнить Свое провидение через потомков Иакова и поэтому так долго менял и очищал этого человека.

Иаков, покинув на двадцать лет отчий дом и скрываясь от гнева своего брата, пришел к выводу, что по собственному плану и своими силами он ничего не способен сделать.

От его самоуверенности ничего не осталось, и он стал человеком, угодным Богу. Он получил новое имя – Израиль - и родил двенадцать сыновей, от которых произошли двенадцать колен Израиля. Потомки колена Иуды – это те, кто в наши дни воссоздали государство Израиль.

«И сказал ему Бог: имя твое Иаков; отныне ты не будешь называться Иаковом, но будет имя тебе: Израиль. И нарек ему имя: Израиль. И сказал ему Бог: Я Бог всемогущий; плодись и умножайся;

*народ и множество народов будет от тебя, и
цари произойдут из чресл твоих. Землю, которую
Я дал Аврааму и Исааку, Я дам тебе, и потомству
твоему по тебе дам землю сию» (Бытие, 35:10-12).*

Как Израильтяне оказались в Египте?

Почему же тогда Бог допустил, чтобы Израильтяне
страдали в течение четырех веков в Египте?

Позвольте мне привести один пример. Допустим, некий
молодой человек молится о том, чтобы стать президентом.
Очевидно, что Бог не сразу ответит на его молитву.

Бог исполняет все, следуя определенному порядку.
Вначале Он будет направлять этого мальчика, чтобы тот
приобрел качества, необходимые для будущего президента.
Затем Бог поведет его по наикратчайшему пути для
получения образования и жизненного опыта.

Точно так же и Аврааму Бог даровал обещание, что его
потомки станут великим народом. Но великий народ не
может сформироваться в одночасье.

Когда семья Иакова отправилась в Египет, их было всего
семьдесят человек. Чтобы сотворить из этой семьи великий
народ, была необходима удивительная мудрость Бога.

Чтобы стать великим народом, Израилю были
необходимы силы для выживания среди других
многочисленных племен и их неизбежных атак. Итак,
чтобы защитить Израиль, Бог избрал Египет.

Египет был страной с высокоразвитой культурой, в которой монархия сложилась, примерно, в 3000 году до Р. Х. История этой страны является одной из самых продолжительных в мире и восходит ко времени цивилизации Месопотамии.

Бог распорядился так, чтобы Иосиф, одиннадцатый сын Иакова, оказался в Египте и спас эту страну от семилетнего голода, который опустошил Ближний Восток.

Причина, по которой Иосиф стал орудием Божьего провидения, заключалась в его праведном и благом сердце. Он был наделен необычайной мудростью, необходимой для важной работы по спасению Египта.

Иосиф родился от Рахили. Рахиль была любимой женой Иакова, и поэтому Иосиф стал любимцем отца. Братья, которые родились от других жен, ненавидели его. Они его возненавидели еще больше, когда Иосиф рассказал братьям о своем сне. И в конце концов они продали его в рабство в Египет, начальнику телохранителей фараона - Потифару.

Иосиф покинул свой дом и отца и, неожиданно, оказался рабом в чужой стране.

Но, полагаясь на Бога, он не сдался и ничем не запятнал себя. В любой ситуации он стремился показать себя с лучшей стороны.

Он заботился о доме своего господина, словно это была его собственность, был внимательным, верным и делал все то, что было по сердцу господина. Кроме того, он обладал сердцем, позволившим ему по доброму отнестись и к продавшим его братьям (Бытие, 45:3-8). Бог благословил все дела Потифара, после того как Иосиф стал распорядителем его владений.

Тот же принцип может быть применен и сегодня. Несмотря на многочисленные невзгоды, если мы любим Бога и живем по Его Слову, мы наполнимся Его любовью и состраданием. Исполняя свой долг, мы получим признание и благословения.

Очень важно почитать Бога, быть во всем верным Ему и, следуя путем праведности, быть послушным Слову Божьему.

Иосиф прошел через великие испытания. Когда он обрел доверие Потифара и стал распорядителем в его доме, жена хозяина попыталась соблазнить Иосифа.

Иосиф не хотел грешить и не хотел лишиться доверия своего господина. Он отказал ей, и она оклеветала его, обвинив в попытке насилия над ней. Иосифа, в результате, бросили в темницу, где содержались узники фараона.

Иосиф был избран для исполнения Божьего провидения, так почему же ему пришлось так много страдать: сначала он оказался в рабстве на чужбине, затем, по лживому обвинению, в тюрьме?

Чтобы стать в возрасте тридцати лет премьер-министром Египта, Иосиф должен был иметь достаточные знания и опыт. Работая распорядителем в доме Потифара, приближенного фараона, он научился искусству ведения хозяйства. В тюрьме, где были заключены опальные политики, он многое узнал об управлении государством и преумножил свою мудрость.

Сталкиваясь со столь разными людьми, он также научился управлять ими, узнал, что такое обман, предательство и лукавое сердце человеческое.

И это было то, что Бог запланировал для Иосифа: Бог желал сделать из него правителя страны, способного любить людей и быть с ними щедрым. Именно потому Библия говорит, что даже в темнице *«ГОСПОДЬ был с [Иосифом], и во всем, что он делал, ГОСПОДЬ давал успех»* (Бытие, 39:23).

Наконец, Бог приступил к осуществлению Своего плана спасения Египта от великих невзгод. Главный виночерпий и пекарь фараона были обвинены и брошены в темницу, где был заключен Иосиф.

Однажды они оба увидели сны, которые Иосиф растолковал: одному из них была уготована смертная казнь, а другому – возвращение на прежнюю службу при фараоне.

Прошло еще два года. Фараону приснился странный сон. И тогда главный виночерпий вспомнил, что вернулся на свое прежнее место, как и предсказал ему Иосиф, истолковав его сон. По рекомендации виночерпия, Иосиф предстал перед фараоном и ясно объяснил тому его сон.

Сон фараона предвещал семь лет великого изобилия и семь лет голода. Иосиф не только истолковал сон, но и сказал, как избежать грядущих невзгод. Именно так Египту удалось подготовиться к наступлению голода.

Имея несовершенную ирригационную систему, людям, для ведения сельского хозяйства, приходилось полагаться только на дожди, и семь лет засухи сулили верную гибель. Иосиф рассказал о великой катастрофе, которая грозила государству. Кроме того, он подсказал египтянам, как преодолеть эти испытания. Как, должно быть, благодарен был ему фараон!

«И сказал фараон слугам своим: найдем ли мы такого, как он, человека, в котором был бы Дух Божий? И сказал фараон Иосифу: так как Бог открыл тебе все сие, то нет столь разумного и мудрого, как ты; ты будешь над домом моим, и твоего слова держаться будет весь народ мой; только престолом я буду больше тебя. И сказал фараон Иосифу: вот, я поставляю тебя над всею землею Египетскою» (Бытие, 41:38-41).

Фараон получил, благодаря Иосифу, великую благодать. Он позволил членам семьи Иосифа, то есть Израильтянам, тоже страдавшим от голода, переселиться в Египет.

Так Израильтяне смогли в безопасности пережить семь лет жестокого голода. В Египте число их преумножилось.

Рождение и испытания Моисея

Время шло. Умер Иосиф, как умер и фараон, при котором он служил. Египтом стал править фараон, который ничего не знал об Иосифе. Израильтян становилось все больше, и это пугало фараона, поэтому он старался сдерживать их рост.

Чтобы Израильтяне не стали многочисленным народом, он приказал убивать всех новорожденных еврейских мальчиков. Фараон превратил Израильтян в рабов и преследовал их. Убивая младенцев мужского пола, он запланировал уничтожить всех Израильтян.

Бог обещал, что Израильтяне станут великим народом, но теперь они оказались под угрозой исчезновения. Именно в это мрачное время родился Моисей.

Согласно приказу фараона, Моисею была уготована смерть при рождении. Но его мать не могла допустить убийства сына. Три месяца она прятала его, и он рос прекрасным младенцем. Когда уже было невозможно скрывать его, она положила ребенка в корзину и оставила ее на берегу Нила.

Принцесса, дочь фараона, купалась именно в этом месте Она увидела корзину и взяла ребенка. Удивительно, но мать Моисея стала его кормилицей и смогла рассказать ему о народе Израиля, с младенчества привив ему веру в Бога. Все это произошло по плану Божьему.

Бог спас Моисея от смерти и позволил ему многому

научиться при дворце фараона. В это же время, от родной матери, он узнал о своем народе и уверовал в Бога (Деяния, 7:22).

Моисей, будучи принцем, не наслаждался великолепной жизнью во дворце, так как непрестанно тревожился о своем народе. Однажды он увидел, как египтянин избивал еврея, и в гневе убил египтянина.

Когда об этом стало известно, Моисею пришлось бежать в землю Мадиамскую. Больше не было той роскошной жизни принца, которую он вел при дворе. В пустыне он вел жизнь, полную лишений. Пришел конец и будущим планам, и мечтам о лучшей доле для своего народа.

Он, должно быть, испытывал отчаяние и страх в этой безотрадной ситуации. Но дни шли, и он забыл о гордыне и самоуверенности принца. Он жил у Иофора, мадиамского священника, став его зятем. Теперь он был простым пастухом.

Он научился пасти овец и стал полностью смиренным. Казалось, он превратился в человека, не имеющего особых достоинств, необходимых для исполнения Божьего плана. Будучи принцем, он обладал уверенностью в себе и властью, которые позволяли ему помочь народу Израиля. Но теперь он был беглецом и батраком, который ничего не мог сделать для Бога.

Но именно благодаря тому, что Моисей смог сокрушить свое собственное «я» и само-праведность, он стал орудием, которое Бог действительно мог использовать.

Люди, которых использует Бог

Бог использует не тех, у кого есть собственная мудрость и способности, а тех, кто, во всем полагаясь на Него и отрекаясь от своих мыслей, становится полностью послушным. Ведь мы не способны одним лишь человеческим разумением и способностями одолеть дьявола и исполнить Божье провидение.

В Послании к Римлянам, 8:7, говорится: *«Потому что плотские помышления [суть] вражда против Бога; ибо закону Божию не покоряются, да и не могут»*. Как здесь сказано, если у нас плотские помыслы, а не помыслы духовные, то мы не можем быть послушны Слову Божьему.

Когда царь Саул напал на Амаликитян, Бог сказал ему уничтожить все вокруг. Но Саул, пленив царя, сохранил лучших волов и овец. По его мнению, так было правильнее, и он ослушался Божьего повеления. Какими бы верными не казались нам наши поступки, если они противоречат Божьему Слову, они не могут быть благими.

Даже если мы приносим жертву Богу, которую мы считаем хорошей, если это противоречит Слову Божьему, Бог не примет ее. Поэтому в 1-й книге Царств, 15:22, сказано, что послушание лучше жертвы. Царь Саул упорствовал в своем неповиновении Слову Божьему, возгордился и был отвергнут Богом. Его ждала горькая участь – смерть в битве у горы Гелвуй.

Петр же, один из учеников Иисуса, напротив, послушался Иисуса и испытал нечто поистине удивительное. Он всю ночь безрезультатно ловил рыбу, пока Иисус не сказал ему еще раз закинуть сети.

Петр ответил: «*Наставник! мы трудились всю ночь и ничего не поймали; но по слову Твоему закину сеть*» (От Луки, 5:5). Он послушался, и улов оказался таким богатым, что сеть почти прорвалась.

Если бы Петр ответил: «Наставник, я опытный рыбак. Я устал, проработав всю ночь, мы сворачиваем сети. Мне трудно опять закидывать невод», то деяние Божье никогда бы не совершилось.

Перед тем как Иисус вошел в Иерусалим, Он попросил Своих двоих учеников отправиться в селение, которое было прямо перед ними, и привести привязанную там ослицу (От Матфея, 21:2-3). Ученики без колебания подчинились, и все произошло, как сказал Иисус.

Важнейшим качеством инструмента, пригодного для Бога, является послушание во всем Его Слову. Отцы веры, Авраам, Иаков, Иосиф и другие, говоря «да» и «аминь», всегда покорялись слову Божьему, поэтому Бог мог использовать их.

Бог и сейчас ищет людей послушных. Он желает найти такого человека, который забыл бы обо всех своих теориях, знаниях и обстоятельствах и полностью бы повиновался Ему.

Чтобы стать послушным Богу и исполнить Его

провидение, Моисею потребовалось 40 лет смирять себя в пустыне. За это время Моисей четко осознал, что ничего не произойдет по его собственной воле, силе и мудрости.

Это провидение Божье дает нам возможность понять, что числа также обладают духовным смыслом. Моисей бежал из Египта в возрасте сорока лет и сорок лет совершенствовался, проходя через испытания. Как мы видим, страдания связаны с числом «четыре».

Кроме того, Израильтяне страдали в Египте 400 лет, а Моисей, перед тем как получил Десять Заповедей, постился сорок дней.

Господь воззвал к Моисею

Сорок лет Моисей пас скот в пустыне и учился терпению и смирению, которые были необходимы ему для того, чтобы возглавить более двух миллионов человек в будущем. Именно тогда Бог явился ему. Пока Моисей в пустыне проходил через испытания, которые должны были изменить его, преследования и рабство Израильтян в Египте не прекращались.

Сыны Израиля стонали под гнетом ига, они взывали о помощи, и крик их достиг Самого Бога. Бог пожелал спасти Израильтян и явился Моисею.

Однажды Моисей пас скот у горы Хорив. Увидев объятый огнем куст, который не сгорал, Моисей подошел ближе, и Бог обратился к нему.

«ГОСПОДЬ увидел, что он идет смотреть, и воззвал к нему Бог из среды куста, и сказал: Моисей! Моисей!» (Исход, 3:4).

Когда Бог воззвал к нему, Моисей ответил: «Вот я!». Тогда Бог произнес: «Не подходи сюда; сними обувь твою с ног твоих, ибо место, на котором ты стоишь, есть земля святая» (Исход, 3:2-5).

Ангел ГОСПОДНИЙ явился в пламени огня тернового куста, чтобы показать силу Божью. Куст был объят огнем, но не сгорал. Так, благодаря силе Божьей, Моисей смог осознать существование духовного мира.

Бог также повелел Моисею снять обувь. Считается, что самой нечистой частью тела являются ноги. Хотя сердце человеческое может быть более нечистым. Из злого сердца исходят убийства, прелюбодеяния и кражи (От Матфея, 15:18-20). Когда Бог повелел Моисею снять обувь, подразумевалось, что Бог желает освящения и очищения всех людей от греха. Иными словами, Бог желает обрезания наших сердец ради освящения их.

Но во времена Ветхого Завета делали обрезание не сердца, а плоти. Поэтому Бог символически говорит о снятии обуви.

Затем Бог сказал Моисею вывести сынов Израилевых из Египта. Для Моисея это было непросто. Он был обычным пастухом, и, вернись он назад, кто бы его поддержал?

Он мучился, так как был уверен, что фараон не отпустит Израильтян. Да и его народ вряд ли согласится последовать за ним.

«Моисей сказал Богу: кто я, чтобы мне идти к фараону и вывести из Египта сынов Израилевых?» (Исход, 3:11).

Бог знал тревожные мысли Моисея и поэтому повелел ему не просто идти. Он подробно рассказал ему, что говорить народу Израиля и фараону, и объяснил, что фараон не отпустит народ просто так, но что грядут казни Египетские.

Бог сказал ему даже то, что Израильтяне выйдут из Египта не с пустыми руками, а с большим количеством серебра, золота и одежд египетских.

Бог дал ему и доказательства. Когда Моисей, по Божьему указанию, бросил свой жезл, тот стал змеем. Моисей взял его за хвост, и он стал жезлом. Когда он положил руку свою к себе за пазуху и вынул ее, рука стала белой, как снег, от проказы. Он снова положил руку за пазуху, и она стала совершенно здоровой.

Услышав слова и увидев знамения Божьи, Моисей взял свой жезл и отправился в Египет, как велел Бог. В духовном смысле, жезл олицетворяет веру. Как мы опираемся на него при ходьбе, так мы, лишь с верой во Всемогущего Бога, способны совершать то, что невозможно сделать своими силами.

Моисей очень хорошо знал свои недостатки, поэтому он испытывал страх и замешательство, но в этом опасном деле положился на веру.

Как отличить человека Божьего

Когда Моисей пошел к народу Израиля, чтобы исполнить Божье провидение, Бог доказал, что он был человеком Божьим, подтверждая его слова знамениями.

Когда сказанное Моисеем в действительности осуществлялось и когда он совершал великие, непосильные людям дела, никто не мог отрицать, что с ним был Бог.

Исход, 7:1, гласит: *«Но ГОСПОДЬ сказал Моисею: смотри, Я поставил тебя Богом фараону, а Аарон, брат твой, будет твоим пророком».* То есть так как деяния силы Божьей совершались через Моисея, то фараон и народ Израиля сочли его богом. Поскольку Господь уподобил Моисея богу, фараон боялся убить его.

Даже сейчас евреи с наибольшим почтением относятся именно к Моисею, своему величайшему пророку и учителю. Видя, каким человеком стал Моисей, благодаря проявленной через него силе Божьей, мы можем отличить Божьего человека по плодам его.

Второзаконие, 18:22, гласит: *«Если пророк скажет именем ГОСПОДА, но слово то не сбудется и не исполнится, то не ГОСПОДЬ говорил сие слово, но говорил сие пророк по дерзости своей, – не бойся его».* Мы можем видеть, по плодам слова человека, приемлет Бог его или нет.

Например, Бог одобряет того, кто служит людям, и любит каждого, кто хранит верность всему дому Божьему. И такой человек будет способен показать такие же мощные деяния, как Моисей и апостолы Павел и Петр.

Около 3.400 лет тому назад Бог послал Моисея вывести сынов Израиля из Египта. Чтобы спасти Свой народ, Бог каждый раз посылал избранных Им людей.

И в эти времена, когда тьма окутала мир, Бог желает вести Свой народ с помощью людей, послушных Ему. Он желает свидетельствовать о Себе силой Своей и спасти бесчисленное множество людей из плена мира сего, сравнимого с Египетским. Он желает ввести их в землю Ханаанскую – символ Небесного Царства, где текут молоко и мед.

Глава 2

«Я поставил тебя Богом»

- Десять казней -

Исход, 7:1-7

«Но ГОСПОДЬ сказал Моисею: смотри, Я поставил тебя Богом фараону, а Аарон, брат твой, будет твоим пророком. Ты будешь говорить все, что Я повелю тебе, а Аарон, брат твой, будет говорить фараону, чтобы он отпустил сынов Израилевых из земли своей. Но Я ожесточу сердце фараоново, и явлю множество знамений Моих и чудес Моих в земле Египетской. Фараон не послушает вас, и Я наложу руку Мою на Египет. И выведу воинство Мое, народ Мой, сынов Израилевых, из земли Египетской – судами великими. Тогда узнают Египтяне, что Я ГОСПОДЬ, когда простру руку Мою на Египет и выведу сынов Израилевых из среды их. И сделали Моисей и Аарон; как повелел им ГОСПОДЬ, так они и сделали. Моисей [был] восьмидесяти, а Аарон восьмидесяти трех лет, когда стали говорить они к фараону».

«Живей! Продолжай работать!».

Рабское положение Израильтян, страдавших от плетей своих надзирателей, было ужасным. Более сорока лет прошло с тех пор, как Моисей бежал в землю Мадиамскую, а тем временем, ярмо рабства стало еще тяжелее.

Выполняя непосильную работу, сыны Израиля искали Бога, о Котором слышали от своих отцов.

«Спустя долгое время, умер царь Египетский. И стенали сыны Израилевы от работы и вопияли, и вопль их от работы восшел к Богу» (Исход, 2:23).

Четыреста лет в Египте – долгий срок. Находясь на чужбине, среди идолопоклонников, Израильтяне постепенно теряли веру в Бога. Их стенания указывали не столько на веру в Бога, сколько на желание освободиться от невыносимых условий рабства, и они надеялись на любой шанс.

Моисей пришел к фараону с одной лишь верой

Египтяне заставляли Израильтян строить города для хранения запасов – Пифом и Раамсес, обжигать кирпичи и заниматься сельским хозяйством.

Держать Израильтян в рабстве было им очень выгодно.

Когда-то Моисей был принцем Египта, а потом стал беглецом и пастухом. Не было ни единого шанса, чтобы фараон отпустил Израильтян просто потому, что его об этом попросит Моисей. Напротив, в такой ситуации Моисея сочли бы безумцем и, возможно, лишили бы жизни.

С человеческой точки зрения, выполнить эту задачу было практически невозможно. Но с ним был Бог. Бог Сам стоял за словами Моисея и наделил его Своей силой. Моисей беспокоился из-за собственного косноязычия, но Бог дал ему брата Аарона, который говорил вместо него. Бог устроил так, что Моисей казался Аарону Богом.

До возвращения Моисея в Египет, Бог предстал пред Аароном и послал его на гору Хорив для встречи с Моисеем. Там Моисей пересказал своему брату все слова и знамения Божьи.

Моисей прибыл в Египет и созвал всех старейшин Израиля. Он сказал им, что Бог услышал их стенания и послал его избавить их от страданий.

В доказательство Моисей показал им жезл, превращающийся в змея, и руку, пораженную проказой и тотчас исцеленную. В знак уважения и признания старейшины низко поклонились ему.

Моисей и Аарон отправились прямо к фараону, переполненные ожиданием и горячей надеждой на спасение своего народа. Они рассказали, что Бог велел им вывести Израильский народ из Египта в пустыню, чтобы там принести жертву Богу. Однако не все вышло так гладко, как они думали.

«Но фараон сказал: кто такой ГОСПОДЬ, чтоб я послушался голоса Его [и] отпустил Израиля? я не знаю ГОСПОДА и Израиля не отпущу» (Исход, 5:2).

Жестокосердный фараон не подчинился Божьему повелению. Вместо того чтобы отпустить Израильтян с миром, он решил, что они придумали это, потому что у них слишком много свободного времени. Фараон заставил их работать еще больше. Притеснения стали еще более жестокими.

Даже надзиратели признали эту несправедливость и обратились к фараону: *«Для чего ты так поступаешь с рабами твоими? Соломы не дают рабам твоим, а кирпичи, говорят нам, делайте»* (ст. 15-16).

Но ответ фараона был холоден.

«Праздны вы, праздны; поэтому и говорите: "пойдем, принесем жертву ГОСПОДУ". Пойдите

же, работайте. Соломы не дадут вам, а положенное число кирпичей давайте» (Исход, 5:17-18).

Они думали, что фараон незамедлительно освободит их, но вместо этого столкнулись с новыми невзгодами. Теперь уже старейшины жаловались на Моисея и Аарона. Хотя те двое возвещали волю Божью, никто из народа не хотел их слушать.

Со времени переселения в Египет прошло уже более четырехсот лет, и мы можем себе представить, какая тогда вера была у Израильтян. Они уже едва помнили о Боге.

Они знали, что Бог являлся их отцам - Аврааму, Исааку и Иакову - и что Он выведет их из Египта в Землю Обетованную. По современным понятиям, они были как люди, только что пришедшие в церковь.

Бог знал меру их веры и поэтому не винил их. Он начал являть Свои деяния через Моисея. Этими деяниями стали Десять казней.

Десять казней, явленные через Моисея

Бог снова послал Моисея и Аарона к фараону. В доказательство истинности Своих слов Бог совершил знамение.

Как на горе Хорив Бог превратил жезл Моисея в змея, так, стоило теперь Аарону бросить жезл, и это знамение повторялось. Но чародеям Египта удалось превратить свои жезлы в змей, и хотя это чудо не было так же убедительно, как у Аарона, фараон не послушался Моисея.

В древних цивилизациях чародеи и маги нередко совершали жертвоприношения. Корень слова «магия» происходит от персидского «священнослужитель».

Маги владели искусством гипноза, предсказывали судьбу с помощью злых духов и даже могли навлечь проклятие. Фараон считал, что сила Божья сродни такому волшебству.

До тех пор пока фараон не отпустил Израильтян, Бог поочередно навлекал на Египет Десять казней. Вначале они были незначительными, а завершились смертью всех первенцев Египта.

Как эти события, происходившие тысячи лет тому назад, могут быть связаны с нашей жизнью и почему Бог захотел, чтобы они так подробно были изложены в Библии?

Необходимо помнить, что сила Божья была явлена по всему Египту через человека Божьего – Моисея. Но еще важнее - духовный смысл Десяти казней.

Бог использовал эту ситуацию, желая показать нам причины, по которым люди оказываются в беде, и способ ее избежать. Десять казней покарали не только Древний Египет; они символизируют всевозможные невзгоды, которые могут постигнуть каждого из нас и сейчас.

Откровение, 11:8, гласит: *«И трупы их оставит на улице великого города, который духовно называется Содом и Египет, где и Господь наш распят».* Египет, в духовном смысле, – это наш мир, утопающий в грехе.

Как фараона постигли многочисленные катастрофы, когда он восстал против Бога, так и всех, живущих в грехе, постигнут различные проблемы. Все они отражены в Десяти казнях.

Первая казнь – это казнь кровью. Моисей сказал Аарону ударить по водам Нила жезлом, и вся вода в Египте превратилась в кровь. Как ужасно было видеть, что вся вода в стране стала кровью! Отвратительный запах крови и гниющей рыбы был повсюду. Египтяне принялись рыть колодцы, потому что речная вода была не пригодна для питья.

«И рыба в реке вымерла, и река воссмердела, и Египтяне не могли пить воды из реки; и была кровь по всей земле Египетской. ...И стали копать все Египтяне около реки [чтобы найти] воду для питья, потому что не могли пить воды из реки» (Исход, 7:21, 24).

Казнь кровью символизирует страдание из-за отсутствия каких-либо необходимых жизненных благ. В духовном смысле - это любая проблема в каждодневной жизни, дома или на работе.

Но когда маги Египта превратили воду в кровь, фараон ожесточился сердцем и не послушал Моисея. И тогда свершилась вторая казнь.

Бесчисленное количество вышедших из Нила жаб заполнило всю страну. Но чародеям Египта удалось сделать то же самое. Не только улицы городов, но и спальни домов, и даже квашни кишели жабами.

Самые большие лягушки могут достигать двадцати сантиметров и издавать громкие звуки. Хотя и не такие лягушки обрушились на Египет, но, тем не менее, просто представьте, что отвратительные жабы кишат повсюду. Это, должно быть, мерзкое зрелище.

Жаба является одним из животных, внушающих отвращение, и, в духовном смысле, олицетворяет сатану (Откровение, 16:13). Жабы, наводнившие дворец фараона, спальни, дома придворных и простых людей, символизируют невзгоды, навлекаемые сатаной на все человечество, независимо от возраста и положения в обществе. Жабы попали также в печи и квашни. «Печи» - это рабочее место, а «квашня» – хлеб наш насущный.

Поэтому казнь жабами символизирует козни сатаны дома и на работе. Эта казнь невыносима, потому что сатана оскверняет домашний очаг, рабочее место и даже насущный хлеб.

Чародеи Египта смогли вызвать жаб, но не сумели от них избавиться. В конце концов фараон призвал Моисея и обещал ему, что отпустит Израильтян, если исчезнут жабы. Фараон произнес:

«Помолитесь ГОСПОДУ, чтоб Он удалил жаб

от меня и от народа моего; и я отпущу народ [Израильский] принести жертву ГОСПОДУ» (Исход, 8:8).

На следующий день Моисей помолился Богу, и все жабы во дворце, во всех домах и на улицах подохли.

Но в Исходе, 8:15, сказано: *«И увидел фараон, что сделалось облегчение, и ожесточил сердце свое, и не послушал их, как и говорил ГОСПОДЬ».* Когда фараону было нужно, он просил Моисея о помощи, но стоило ситуации измениться, и он менял свое мнение.

Бог знал сердце фараона, и поэтому казни продолжались до тех пор, пока он не подчинился воле Божьей. Началась третья казнь.

Моисей сказал Аарону поднять жезл и ударить им о землю. Поднялась пыль, превратившаяся в мошкару. Тучи мошек кишели вокруг людей и скота. Безжизненные пылинки, превратившись в мошек, впивались в людей и животных, вызывая зуд и воспаление.

Эта казнь, в духовном смысле, символизирует ситуацию, когда нечто незначительное внезапно вызывает колоссальные проблемы, причиняющие боль и страдание. Примером может послужить недопонимание между братьями или супругами, которое вырастает в настоящую распрю.

Мошки могут паразитировать на теле людей, если они неопрятны. Поэтому казнь мошками связана с нечистотой сердца человеческого, в котором скрыты разные формы зла.

Маги Египта не смогли повторить ни эту казнь, ни одну из последующих. В некоторой степени им удалось повторить лишь казни кровью и жабами, но вдохнуть жизнь в прах земли, превратить его в мошек, они не смогли.

Псалом, 61:12, гласит: *«Однажды сказал Бог, и дважды слышал я это, что сила у Бога»*. Даже с развитием науки, человек никогда не сможет оживить мертвого или создать что-то из ничего. Это подвластно лишь Богу Творцу.

Волхвы Египта сказали, что это перст Божий (Исход, 8:19), но фараон упорствовал. Он видел силу Божью, но сердце его ожесточилось еще больше, и пришла еще более страшная казнь – песьими мухами.

Покаяние фараона отвратило бы наказание незамедлительно. Но эту казнь, песьими мухами, навлекают на себя люди, которые уже возвели между собой и Богом стену греха и поэтому нуждаются в полном покаянии.

Эти мухи поразили дома всех людей, вельмож фараона и его дворец. Даже одна муха, летающая вокруг еды, раздражает хотя бы потому, что разносит инфекцию. Сколь омерзительно, должно быть, видеть мириады мух!

Мухи плодятся среди нечистот и распространяют болезни. В духовном смысле, казнь мухами представляет собой ситуацию, когда грех в сердце побуждает людей говорить злые слова, которые потом переходят из уст в уста. Это западня, в которую люди попадают, и в результате навлекают болезни и проблемы на себя, своих детей, супругов или работу.

«А исходящее из уст – из сердца исходит; сие оскверняет человека, ибо из сердца исходят злые помыслы, убийства, прелюбодеяния, любодеяния, кражи, лжесвидетельства, хуления» (От Матфея, 15:18-19).

Фараон еще раз обратился к Моисею с просьбой избавить от мух и обещал, что отпустит Израильтян, но стоило мухам исчезнуть, и он снова нарушил свое обещание.

Начались казни моровой язвой и нарывами, и пострадал уже не только народ, но и домашний скот во всем Египте. Моровая язва – заразное заболевание, которое нелегко вылечить. Это инфекция, которая способна вызвать эпидемию. Много скота в Египте пало из-за этой болезни.

Болели лошади, крупный и малый рогатый скот, козы и верблюды, которые были основной частью богатства фараона, его вельмож и народа. В современном понимании, домашние животные приравниваются к членам семьи, живущим в одном доме.

Моровая язва - это те злодеяния человека, из-за которых не только он один, но и члены его семьи страдают от серьезных заболеваний. Если зло человека накапливается, Бог вынужден отвратить Свой лик, и тогда дьявол приносит многочисленные невзгоды этому человеку.

Серьезнее моровой язвы - казнь нарывами. Моровая язва поражает внутренности, а нарывы видны снаружи. Все тело чешется, раны выделяют гной. Это - серьезная болезнь кожи или же осложнение внутреннего заболевания, которое проявляется также и внешне.

Например, рак, в самом начале, - внутреннее заболевание, но, прогрессируя, он может проявиться внешне. То же касается туберкулеза, болезней печени и СПИДа. Люди, страдающие этими болезнями, обычно вспыльчивы, высокомерны, нетерпимы к чужому мнению и смотрят на других сверху вниз, отказываясь прощать чужие ошибки.

Кроме того, человека может поразить казнь нарывами, если он совершает серьезный грех, или дела плоти, или когда родители, родственники или предки этого человека занимаются идолопоклонством. Но даже если родители поклонялись идолам, человека, живущего по Слову Божьему, не постигнут невзгоды, потому что его бережет Бог.

Фараон не изменился даже после опустошительных казней, чем навлек новую казнь - казнь градом и огнем. Она уничтожила не только урожай по всему Египту, но и многих людей и животных.

Крупная градина может достигать размера крупного грейпфрута. Трудно представить себе град такого размера вместе с небесным огнем. Ущерб от этого колоссален – не только для урожая, но и для зданий и домашнего скота.

В духовном смысле, казнь градом означает неожиданные инциденты, разрушающие благосостояние человека. Это сравнимо с ситуацией, когда кто-либо из членов семьи попадает в крупную аварию или серьезно заболевает и ему требуется дорогостоящее лечение.

Например, если верующий желает денег настолько, что думает только о том, как бы их заработать, он, возможно, перестает святить День Господний. Тогда его могут постигнуть внезапные проблемы на работе или непредусмотренные траты из-за болезни или аварии. Это и есть – казнь градом. Так как град побивает только часть урожая, то это значит, что не все потеряно из-за этой казни.

Однако тот урожай, который уцелел после казни градом, полностью исчез в результате казни саранчой. Нашествие миллионов насекомых наполнило людей подлинным ужасом.

«Она покроет лице земли так, что нельзя будет видеть земли, и поест у вас оставшееся, уцелевшее от града; объест также все дерева, растущие у вас в поле; и наполнит домы твои, домы всех рабов твоих и домы всех Египтян, чего не видали отцы твои, ни отцы отцов твоих со дня, как живут на земле, даже до сего дня. [Моисей] обратился и вышел от фараона» (Исход, 10:5-6).

После саранчи в поле не остается ни одной травинки. Это бедствие ужасно. Казнь саранчой – это полное опустошение и ущерб, намного превосходящий потери в результате казни градом.

В отличие от казни градом, последствия казни саранчой могут привести к полному банкротству, к неизлечимым болезням, а если же, к примеру, потеряется ребенок, то он уже не вернется никогда. В таких случаях разрушается вся семья человека или целое предприятие. Результатом этой казни может стать полный крах, если мы не покаемся.

Всякий раз, когда совершалась очередная казнь, фараон обещал, что отпустит Израильтян, но стоило казни прекратиться, и он передумывал.

Наконец, Моисей вознес руки к небу, и на Египет обрушилась казнь тьмой. Небесные светила погасли. Трое суток не было ни солнечного, ни лунного света. Как напуганы, должно быть, были египтяне!

«И сказал ГОСПОДЬ Моисею: простри руку твою к небу, и будет тьма на земле Египетской, осязаемая тьма. Моисей простер руку свою к небу, и была густая тьма по всей земле Египетской три дня. Не видели друг друга, и никто не вставал с места своего три дня; у всех же сынов Израилевых был свет в жилищах их» (Исход, 10:21-23).

Когда перед смертью приходит тьма, это значит, что

тьма застилает собой всю жизнь человека и что у него не осталось ни малейшей надежды. Эта казнь постигает тех, чьи сердца ожесточились настолько, что они не желают каяться, даже потеряв все.

Такие люди не признают существование Бога. Даже если на словах они говорят, что веруют в Бога, Слово Божье они не соблюдают, а только копят в себе зло. Эта казнь велика и близка к смерти, хотя жизнь человеческую и не отнимает.

Даже после казни тьмой фараон не отпустил народ Израиля из Египта. И тогда он навлек на свою страну казнь смертью первенцев. В духовном плане, это можно сравнить с ситуацией, когда любимый ребенок или другой член семьи умирает или погрязает в грехах настолько, что его уже нельзя спасти.

Каждая следующая казнь из десяти становилась все страшнее и фатальнее. Даже когда приближенные фараона сообщали, что Египет стоит на краю пропасти, фараон не отвращался от путей своих.

В результате Бог прибавил казнь смертью первенцев египетских.

«И умрет всякий первенец в земле Египетской от первенца фараона, который сидит на престоле своем, до первенца рабыни, которая при жерновах, и все первородное из скота» (Исход, 11:5).

Бог отделил землю Гесем

Страдали ли Израильтяне от казней вместе с Египтянами?

В то время Израильтяне находились в земле Гесем. Большинство из них занималось разведением скота, что Египтяне считали нечистым занятием, и поэтому Израильтяне жили в отдельном поселении - Гесеме. И ни одна из казней не постигла Гесем.

> *«А если не отпустишь народа Моего, то вот, Я пошлю на тебя и на рабов твоих, и на народ твой, и в домы твои песьих мух, и наполнятся домы Египтян песьими мухами и самая земля, на которой они [живут]. И отделю в тот день землю Гесем, на которой пребывает народ Мой, и там не будет песьих мух; дабы ты знал, что Я ГОСПОДЬ среди земли» (Исход, 8:21-22).*

То есть в то время, когда весь Египет страдал от песьих мух, в Гесеме не было ни единой мухи. Это означает, что Бог делал различие между Израильтянами и египтянами.

Кроме того, народ Божий не поразили ни мор, ни язвы, ни град, ни саранча. Казни миновали Гесем. Даже когда по всему Египту была тьма, в Гесеме был свет. Те, кто видел это, поражались и воздавали хвалу Богу.

Казнь смертью первенцев, и Пасха

Бог дал знать всей земле Египетской о смерти первенцев и дал необходимые наставления Израильтянам. В день великой казни они должны были принести в жертву годовалого ягненка, без единого порока, и помазать его кровью косяки и перекладину дверей своих домов. Им также запрещалось выходить из дома до утра.

«И пойдет ГОСПОДЬ поражать Египет, и увидит кровь на перекладине и на обоих косяках, и пройдет ГОСПОДЬ мимо дверей, и не попустит губителю войти в домы ваши для поражения» (Исход, 12:23).

Кровь на дверных косяках и перекладине символизирует Иисуса Христа и Его искупительную Кровь. Это значит, что наши грехи могут быть прощены и мы можем быть спасены Кровью Господней. Об этом говорил Иисус: *«Я есмь дверь: кто войдет Мною, тот спасется, и войдет, и выйдет, и пажить найдет»* (Иоанна, 10:9).

Кроме того, они должны были зажарить мясо и есть его с пресным хлебом и горькими травами. Иисус сказал в Евангелии от Иоанна (6:53): *«Истинно, истинно говорю вам: если не будете есть Плоти Сына Человеческого и пить Крови Его, то не будете иметь в себе жизни»,* – мы должны вкушать Плоть Иисуса, то есть Слово Божье.

Бог также повелел им не есть ягненка сырым или

сваренным в воде, но есть голову, ноги и внутренности, испеченные на огне. Это значит, что мы, вдохновленные огнем Святого Духа, должны впитывать каждое Слово Божье, содержащееся в шестидесяти шести книгах Библии.

Следуя заповеди Божьей, Израильтяне взяли чистого годовалого ягненка, помазали его кровью косяки и перекладины дверей в своих домах и съели запеченное на огне мясо.

Глубокой ночью возопил Египет. Первенцы - и людей, и скота - были преданы смерти. Но Израильтяне были надежно защищены.

«... Скажите: "это пасхальная жертва ГОСПОДУ, Который прошел мимо домов сынов Израилевых в Египте, когда поражал Египтян, и домы наши избавил". И преклонился народ и поклонился» (Исход, 12:27).

С того момента и до сего дня Израильтяне вспоминают благодать Бога, уберегшего их от смерти первенцев. Они соблюдают Пасху и едят пресный хлеб в течение семи дней в воспоминание о страданиях своего народа в Египте.

Глава 3

«И узнаете, что Я ГОСПОДЬ, Бог ваш»

- Исход -

Исход, 16:11-15

«И сказал ГОСПОДЬ Моисею, говоря: Я услышал ропот сынов Израилевых; скажи им: вечером будете есть мясо, а поутру насытитесь хлебом, и узнаете, что Я ГОСПОДЬ, Бог ваш. Вечером налетели перепелы и покрыли стан, а поутру лежала роса около стана. Роса поднялась, и вот, на поверхности пустыни [нечто] мелкое, круповидное, мелкое, как иней на земле. И увидели сыны Израилевы, и говорили друг другу: что это? Ибо не знали, что это. И Моисей сказал им: это хлеб, который ГОСПОДЬ дал вам в пищу».

Несмотря на всевозможные казни, обрушившиеся на Египет, фараон не желал отпускать Израильтян. Однако после смерти первенцев он, наконец, уступил. Все первенцы египетские, даже у скота, лишились жизни в одну ночь. Казалось, что стенания египтян достигнут небес.

«О, сын мой... сын фараона!».

Хотя фараон и ожесточил свое сердце, но после смерти своего сына у него не было другого выбора. Он призвал Моисея и велел народу Израиля покинуть Египет.

Упорство фараона обрекло египтян на столь великие казни. И теперь они умоляли Израильтян скорее покинуть их страну и отдавали им свое серебро, золото и даже одежду. Представьте себе, каковы были страдания египтян из-за Десяти казней. Однако Бог открыл это Моисею уже тогда, когда призвал его.

«И дам народу сему милость в глазах Египтян; и когда пойдете, то пойдете не с пустыми руками. Каждая женщина выпросит у соседки своей и

у живущей в доме ее вещей серебряных и вещей золотых, и одежд; и вы нарядите ими и сыновей ваших и дочерей ваших, и оберете Египтян» (Исход, 3:21-22).

Все произошло, как сказал Бог. Рабство в Египте завершилось, и Израильтяне отправились в Ханаан, Землю Обетованную.

Исход, чудесное избавление

С Моисеем во главе, Израильтяне со своими стадами вышли из Раамсеса в Сокхоф. Считая только мужчин, их было шестьсот тысяч человек, а включая детей, стариков и женщин, это, вероятно, было больше двух миллионов. Представьте себе шествие такой огромной толпы.

Четыреста лет они разводили скот – очевидно, что стада их были многочисленными. Под крики животных и грохот повозок начался этот эпохальный поход.

Дети бегали в толпе, старики пытались не отставать от остальных. Всех наполняла радость обретения свободы, они ликовали, словно дети, которых вывезли на пикник.

Все с радостью предвкушали благословения, которые изольются на них в земле Ханаанской, но Моисей думал о другом. Ему выпала огромная ответственность – самолично вести многоликую толпу. Иосиф завещал, чтобы его прах похоронили в Земле Обетованной, так что Моисей шел во главе Исхода, неся останки Иосифа.

Кратчайший путь из Египта в Ханаан пролегал по Средиземноморскому побережью, через нынешний сектор Газа, и дальше, через землю Филистимлян.

Египет защищался от набегов с этого направления, поэтому граница здесь хорошо охранялась. Даже перейдя границу, чтобы попасть в Филистию, им пришлось бы сражаться.

Но в то время веры у Израильтян было так мало, что этот путь даже не рассматривался. У них не было достаточно веры, чтобы вступить в бой. Они бы сразу повернули в Египет.

Израильтяне были счастливы освободиться от рабства. Но у них не было искренней веры в Бога. Любая помеха на их пути сразу же заставила бы их вернуться в Египет.

Если только что уверовавший получает большое испытание, он возвращается в мир. То же можно было сказать и об Израильтянах.

Бог знал об этой ситуации, и поэтому Ему было угодно, чтобы они пошли не кратчайшим путем, а через Красное море и затем долго странствовали по пустыне.

«Когда же фараон отпустил народ, Бог не повел [его] по дороге земли Филистимской, потому что она близка; ибо сказал Бог: чтобы не раскаялся народ, увидев войну, и не возвратился в Египет» (Исход, 13:17).

Путь Исхода Израиля

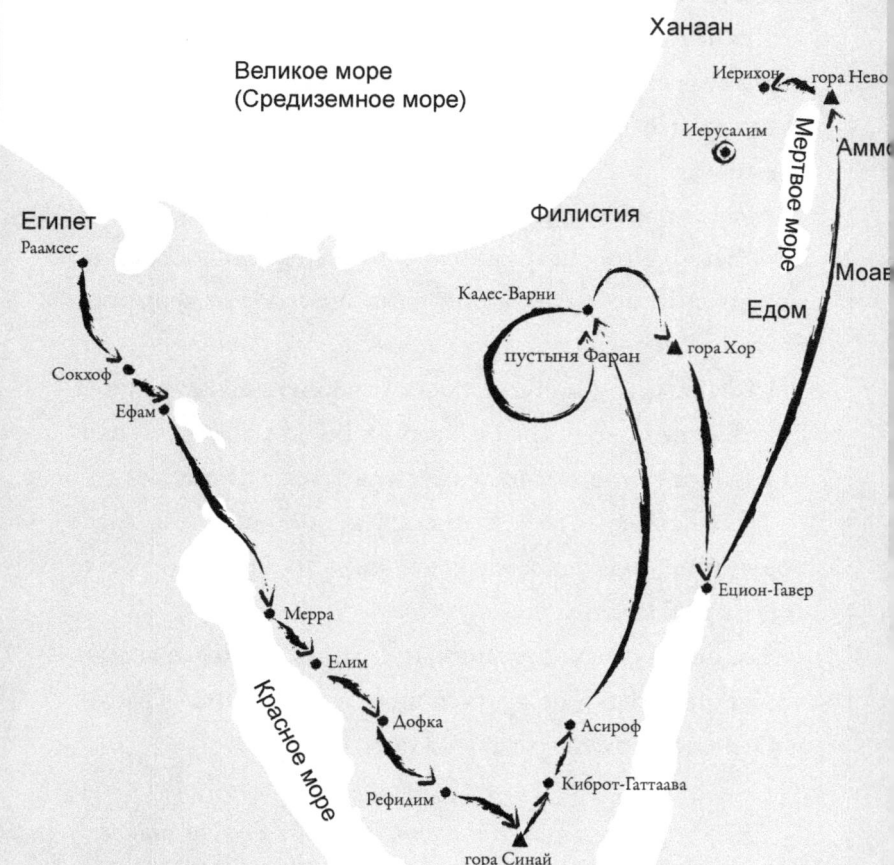

Ханаан

Великое море
(Средиземное море)

Иерихон гора Нево

Иерусалим Мертвое море Аммо

Египет Филистия Моав

Раамсес Едом

Сокхоф Кадес-Варни

Ефам пустыня Фаран гора Хор

Красное море Ецион-Гавер

Мерра

Елим

Дофка Асироф

Рефидим Кибpoт-Гаттаава

гора Синай

Переход через Красное море

С момента, когда Израильтяне вышли из Египта, Бог шел впереди них, защищая их днем столпом облачным и столпом огненным - ночью. Застлав испепеляющее солнце облаками, Бог позволил им пройти через знойную пустыню.

В жарких районах земли, таких, как пустыни в Африке или на Ближнем Востоке, температура в тени намного ниже. И чтобы они не погибли ночью от холода в пустыне, Бог дал им столп огненный.

Однако мирное шествие Израильтян продлилось недолго. Вскоре перед ними возникла дилемма. Отпустив Израильтян, фараон стал сожалеть об этом. Он отобрал шестьсот боевых колесниц и лучших воинов Египта и отправился в погоню. Бог знал, что так произойдет, и открыл это Моисею.

У самого берега Красного моря Израильтяне увидели, как, поднимая пыль вокруг себя, войско фараона на лошадях и колесницах гналось за ними. Впереди Израильтян было Красное море, а за ними – наступало египетское войско.

Народ возроптал и сказал Моисею: *«Разве нет гробов в Египте, что ты привел нас умирать в пустыне? Что это ты сделал с нами, выведши нас из Египта?»* (Исход, 14:11). В великом страхе и смятении люди требовали от Моисея ответа.

Они вышли из Египта, потому что Бог услышал их стенания под рабским ярмом. Моисей привел их сюда отнюдь не силой. Что же Бог? Он наслал казни Египетские, допустил убиение первенцев Египта в одну ночь, но защитил всех Израильтян.

Если бы они уверовали в Бога, в руках Которого жизнь и смерть, то не испугались бы египетского войска. Но, даже засвидетельствовав столь великие дела Божьей силы, они не научились полагаться на Бога. Они стали роптать на Него.

Однако Бог не разгневался на маловерие Израильтян, но явил через Моисея великую силу Свою. Бог не попрекнул народ в маловерии, а позаботился о них с любовью родителя, заботящегося о своем новорожденном младенце. Благодаря вере Моисея, Бог явил еще одно великое деяние.

Моисей прямо обратился к испуганным и трепещущим Израильтянам.

«Не бойтесь, стойте и увидите спасение ГОСПОДНЕ, которое Он соделает вам ныне; ибо Египтян, которых видите вы ныне, более не увидите во веки. ГОСПОДЬ будет поборать за вас, а вы будьте спокойны» (Исход, 14:13-14).

Как прекрасно такое проявление веры! Моисей смотрел не на глубокие воды Красного моря и не на преследовавшее их египетское войско. Нет, он обратил свой взор на великое деяние, которое приготовил Бог.

После слов Моисея Бог начал творить чудо для Израильтян. Сначала ангел Божий, шедший во главе стана

Израиля, поменялся местами с облачным столпом, который был позади них.

После этого на стороне Израильтян было светло даже ночью, а у египтян – лишь непроглядная тьма. Египетское войско не могло передвигаться в кромешной тьме.

Наконец, Моисей протянул свой посох, как ему повелел Бог. Поднялся сильный восточный ветер, который дул всю ночь, - так ГОСПОДЬ разделил море надвое: посреди вод образовался сухой проход.

Представьте себе мысленно величие этой сцены!

Под грохот грома и мощные порывы ветра морские воды расступаются, и народ проходит по суше посреди моря. По обе стороны громоздятся стены волн.

Представьте себя идущим посреди моря! Какой трепет, какое удивление должно вызывать столь воочию явленное знамение силы Божьей. Воздали бы вы славу Богу за это чудное деяние, восхвалили бы вы Его от всего сердца?

Более двух миллионов человек, включая детей и стариков и их тучные стада, шли между бушующими волнами.

Окутанное тьмой, египетское войско вскоре ринулось за ними. Египтяне устремились на середину моря, и казалось, что они вот-вот настигнут Израильтян, но им все тяжелее было преследовать их.

Колеса слетали с оси, и они останавливались. Кроме того, у воинов стали возникать странные мысли: «Побежим от Израильтян, потому что Господь поборает за них против Египтян».

Ощущение было правильным. Израильтяне перешли Красное море, Моисей снова простер свою руку над морем, и воды тут же сомкнулись.

Через минуту все египетское войско оказалось погребено под толщей воды.

И тогда Моисей и Израильтяне воздали славу и хвалу Богу, благодаря Его за спасение от египтян. Но чувства, которые переполняли Моисея, трудно сравнивать с тем, что чувствовали остальные: ведь он отвечал за безопасность всего народа.

«ГОСПОДЬ крепость моя и слава моя, Он был мне спасением. Он Бог мой, и прославлю Его; Бог отца моего, и превознесу Его» (Исход, 15:2).

«Кто, как Ты, ГОСПОДИ, между богами? Кто, как Ты, величествен святостию, досточтим хвалами, Творец чудес?»(Исход, 15:11).

Сестра Моисея, Мариам, и все женщины танцевали с бубнами в руках, воздавая Богу всю славу.

«И воспела Мариам пред ними: пойте ГОСПОДУ, ибо высоко превознесся Он, коня и всадника его ввергнул в море» (Исход, 15:21).

После Десяти казней Бог еще раз показал, что Он был с Израильтянами. Разделив Красное море, Он вновь подтвердил власть, данную Моисею.

У Моисея было достаточно веры, чтобы покориться тогда, когда это казалось невозможным, и поэтому Израильтяне увидели дивную силу Божью.

Повеление Бога разделить море невозможно было бы исполнить, если бы Моисей полагался на человеческие соображения и умозаключения. Но когда он подчинился с верой, сила Божья разделила море. Все, что исходит от Бога, возможно лишь с верой.

Ропот Израильтян у Мерры

Перейдя Красное море, Израильтяне вошли в пустыню Сур. В поисках воды они оказались в месте под названием Мерра. Наконец, им удалось найти источник, но вода в нем была слишком горькой.

Вскоре они опять начали роптать на Моисея.

Они были свидетелями Десяти казней и всего три дня назад посуху перешли Красное море, но теперь, как только возникла очередная трудность, они без колебания были готовы обрушить на Моисея свои жалобы.

Конечно, три дня обходиться без воды под жарким солнцем пустыни было нелегко. К тому же у них не было даже малой веры, которая подсказала бы им, что Всемогущий Бог, который разделил Красное море, обязательно даст им воды.

Тем не менее долготерпеливый Бог показал Моисею дерево и велел бросить его в воду, чтобы вода из соленой сделалась сладкой. По какой причине Бог повелел Моисею бросить в воду дерево?

Это показывает нам силу Бога, способного превратить горькую воду в сладкую с помощью дерева. Это чудо являет нам всемогущество Бога, Его способность создавать все из ничего и невозможное сделать возможным. Кроме того, Израильтяне должны были понять, что, мало чем отличаясь от ветвей засохшего дерева, они тем не менее испытали дивные дела Божьи; но вопреки всему они продолжали роптать при малейших трудностях.

Вода олицетворяет живую воду, то есть Слово Божье. Когда засохшее дерево было брошено в воду, вода сделалась сладкой. Это значит, что человек, подобный засохшему дереву, может возродиться, живя по Слову Божьему.

И снова ропот

Затем они покинули Елим, и все общество сынов Израилевых оказалось в пустыне Син, между Елимом и Синаем. И новая проблема возникла у них. Закончилась вся еда, взятая ими с собой из Египта.

Они вспомнили о тех временах, когда у них было достаточно хлеба в Египте, и вскоре опять возроптали. Память о тяжелом рабстве и гонениях, казалось, уже исчезла.

Израильтяне не обладали терпением. Они жаловались при каждой трудности. Но Бог прощал им это. Более того, он накормил их манной небесной и перепелами. Это произошло, потому что в пустыне народ Исхода следовал за Моисеем и не разбивался на мелкие группы, что Бог счел за проявление веры.

Каждый вечер стаи перепелов прилетали к их лагерю. По утрам земля покрывалась обильной росой. Стоило росе испариться, и под ней появлялась, похожая на хлопья, тонкая субстанция, почти такая же хрупкая, как изморозь. Это была «манна», сошедшая с небес. Она была белого цвета и на вкус напоминала вафли с медом.

Бог повелел собирать манны не больше, чем им было нужно (Исход, 16:16), и не оставлять собранное до утра. Но стоило кому-то ослушаться, и на утро манна превращалась в изъеденные червями отбросы.

Благодаря посланной Богом манне и перепелам, народ утолял голод даже в пустыне.

Со временем надежда на землю, где текут молоко и мед, сменилась всевозрастающим раздражением Израильтян, недовольных своей безрадостной жизнью в пустыне. Единственное, что они видели перед собой, – это безжизненные земли и каменистые горы.

Подчинившись велению ГОСПОДА, сыны Израиля двинулись из пустыни Син и встали в Рефидиме, где не было источников воды. Из-за этого народ укорял Моисея, говоря:

«Дай нам воды пить».

Некоторые из них были так разгневаны на Моисея, что угрожали забить его камнями. Что было на сердце у Моисея в этот момент?

«Моисей возопил к ГОСПОДУ и сказал: что мне делать с народом сим? еще немного, и побьют меня камнями» (Исход, 17:4).

Моисей мог лишь молиться Богу. Тогда ГОСПОДЬ сказал Моисею: *«Пройди перед народом, и возьми с собою [некоторых] из старейшин Израильских, и жезл твой, которым ты ударил по воде, возьми в руку твою, и пойди»* (ст. 5). Бог велел ему ударить жезлом по скале в Хориве на глазах старейшин Израиля. И вода пошла из скалы.

И даже после этого, испытывая трудности, сыны Израиля были не способны показать свою веру. Заботу и сочувствие Моисея к людям невозможно описать словами.

Он должен был молиться от имени народа, у которого не было веры, чтобы самостоятельно молиться и обрести Божью благодать. И он вынужден был успокаивать их, учить их истине и сеять в них веру.

Когда в Рефидиме народ стенал и роптал, на них напали Амаликитяне. Моисей велел Иисусу Навину отобрать мужчин, обученных военному делу, и вступить в бой с Амаликитянами. Затем, с посохом Божьим в руках, он поднялся на вершину горы и начал молиться. Когда Моисей простирал руки к небу, Израильтяне одерживали верх, но стоило ему их опустить, и побеждали Амаликитяне.

Шло время, Моисей не в силах был держать руки поднятыми, и тогда Аарон и Ор посадили его на камень и поддерживали руки его - один с одной, а другой с другой стороны. Так руки его были подняты до захода солнца. Именно таким образом Израильтянам удалось одержать победу.

Десять Заповедей и свод законов

Однажды Иофор, священник Мадиамский, тесть Моисея, взял Сепфору, жену Моисея, и двух ее сыновей и пошел к Моисею. Моисей рассказал ему обо всем, что сделал Бог во время Исхода. Иофор прославил Бога, и они вместе праздновали освобождение.

На следующий день Иофор увидел нечто странное. Многочисленная толпа пришла к Моисею, чтобы узнать, какова воля Божья. Заканчивал говорить один, и к Моисею подходил следующий, а очередь не становилась короче, и целого дня было недостаточно, чтобы иссяк поток людской.

Раньше, живя в Египте, Израильтяне подчинялись египетским законам. Сейчас у них не было своего закона. Поэтому спорящие обращались к Моисею с просьбой рассудить их. Можно представить себе, сколько сил это отнимало у Моисея, ведь он оказался единственным судьей для двухмиллионной общины.

Иофор посоветовал Моисею выбрать людей, боящихся Бога, правдивых, ненавидящих корысть, и назначить их «тысяченачальниками, стоначальниками, пятидесятиначальниками и десятиначальниками», которые бы судили народ в малых спорах, а Моисей разбирал бы только важные дела. Иофор сказал Моисею сделать так, если повелит Бог (Исход, 18:23). Хотя он был язычником, закон ему хорошо был известен.

Моисей согласился и назначил начальников, как посоветовал Иофор. Но он еще должен был дать им закон, который стал бы мерилом справедливости. Поэтому Бог направил народ к горе Синай для освящения. Затем, через Моисея, Он передал им Десять Заповедей и Закон.

Израильтяне испугались богоявления ГОСПОДНЯ на горе Синай. Вместо всего народа Бог призвал на вершину одного Моисея, где Сам Бог начертал на каменных скрижалях Десять Заповедей и даровал Закон.

«Я ГОСПОДЬ, Бог твой, Который вывел тебя из земли Египетской, из дома рабства» (ст. 2).

«Да не будет у тебя других богов пред лицем Моим» (ст. 3).

«Не делай себе кумира... не поклоняйся им и не служи им...» (ст.4-5).

«Не произноси имени ГОСПОДА, Бога твоего, напрасно...» (ст. 7).

«Помни день субботний, чтобы святить его» (ст. 8).

«Почитай отца твоего и мать твою...» (ст. 12).

«Не убивай» (ст. 13).

«Не прелюбодействуй» (ст. 14).

«Не кради» (ст. 15).

«Не произноси ложного свидетельства на ближнего твоего» (ст. 16).

«Не желай дома ближнего твоего...» (ст. 17).

(Исход, 20).

Более того, Бог дал им детальный свод законов, касающихся службы у алтаря, слуг, насилия, возмещения ущерба, морали, справедливости и войны.

Сегодня Десять Заповедей можно сравнить с Конституцией государства. Законы и другие нормативные акты регулируют гражданские, уголовные и семейные дела. Нормы и законы, которые содержались в Десяти Заповедях, также имели отношение к проблемам, которые могли возникнуть в повседневной жизни.

Десять Заповедей отвечали общественному устройству того времени и соответствовал принципам Божьей справедливости и любви. Следовательно, они были даны не для того, чтобы стать бременем для Израильтян.

Десять Заповедей нельзя считать простым сводом правил. Это были указания, выходившие за рамки личных представлений о нормах поведения. Десять Заповедей могут показаться лишь законом, но в них заложен и завет спасения.

В Египте Израильтяне, помазав косяки и перекладины домов кровью, спасли своих детей от смерти, и в этом заключена символическая значимость Крови Господа Иисуса. Таким образом, чтобы получить спасение, они должны были жить по Слову Божьему, соблюдая Десять Заповедей.

И Бог не просто дал им заповеди и заставил их соблюдать. Во-первых, Он дал Израильтянам множество свидетельств деяний силы, чтобы они смогли уверовать и подчиниться Богу добровольно. Десять Заповедей были тем мерилом, по которому Израильтяне либо могли стать избранным народом Божьим, либо нет.

Схожим образом, и сегодня соблюдение заповедей Божьих влияет на наше спасение и является решающим в получении нами Божьей любви и благословений.

Десять Заповедей суммируют содержание шестидесяти шести книг Библии, Слова Божьего. Если мы понимаем их духовный смысл и соблюдаем их, то сможем осознать волю Божью и следовать ей.

Скиния

На горе Синай Бог также подробно поведал Моисею о скинии. Скиния стала тем местом, где обитал Бог; в определенном смысле она подобна церкви в наши дни.

В целом, скиния была святым местом. Особое

помещение, святая святых, отделялось от остального пространства скинии. Лишь первосвященник мог зайти туда раз в год для искупления грехов; грешникам же вход был запрещен.

Однако, когда Иисус умер за нас на кресте, занавес, отделявший святилище, разорвался надвое. Это значит, что был открыт путь, который ведет нас к Богу (Посл. к Евреям, 10:19-20). До того времени люди могли прийти к Богу лишь через священников, но теперь они могут общаться с Богом напрямую.

Причина, по которой Бог велел Израильтянам соорудить скинию, заключалась в том, что Он знал сердце человеческое. Зная желание людей видеть видимое и касаться осязаемого, Бог позволил им построить скинию, которую мог видеть каждый, и слава Его наполняла ее.

Более того, она предназначалась и для прощения грехов. Дело в том, что, после обретения Десяти Заповедей и свода законов, люди неизбежно станут совершать грехи.

Закон Ветхого Завета - «глаз за глаз, зуб за зуб, руку за руку, ногу за ногу». Эпоха Святого Духа еще не наступила, и люди были не способны увидеть грехи и зло в своих сердцах. Единственным способом предотвратить преступления было суровое наказание. Как тесто, замешанное на малой закваске, начинает увеличиваться в объеме, так и незначительное преступление разрастается при отсутствии дисциплины. Вот почему Бог установил им строгое наказание.

Допустим, что кто-то, по неосторожности, повредил

руку другому человеку: по Закону ему тоже надо было нанести такую же травму. Если бы Израильтяне следовали этому закону, то все они были бы покалечены еще до того, как они дошли до земли Ханаанской.

Поэтому Бог открыл путь прощения грехов – согрешившие должны были прийти в скинию и совершить жертвоприношения. Книга Левит описывает разные способы приношения жертв и обретения искупления, благодаря которым грешники могли получить прощение грехов пред Богом.

Как сказано: «...*будьте святы, потому что Я свят*» (Левит, 11:45). Книга Левит является путеводителем в примирении между Богом и людьми. Она фокусируется на том, как могут быть прощены грехи и как люди могут вести жизнь в святости, подобно Святому Богу. Как жертвы приносились через священников, так и мы способны прийти к Богу лишь через Иисуса Христа.

Любовь Моисея, человека Божьего

Моисей постился сорок дней на горе Синай, пока получал Десять Заповедей и описание скинии. Синай – это каменистая, лишенная деревьев вершина, где ничто не защищает человека от палящего солнца.

В то время как Моисей постился и общался с Богом в этом уединенном месте, где не было даже источника воды, в стане народа Израиля произошло нечто совершенно неожиданное.

Новостей от Моисея не поступало, так как он находился на горе. Народ потерял терпение и стал требовать у Аарона:

«Сделай нам бога, который шел бы перед нами; ибо с Моисеем, с этим человеком, который вывел нас из земли Египетской, не знаем, что сделалось» *(Исход, 32:23).*

Аарон не смог долго противиться толпе и сделал им золотого тельца. Израиль совершил страшный грех идолопоклонства. Они приносили жертвы истукану в образе золотого тельца, ели и пили. Получив от Бога столько благодати, они предали Его.

Чтобы получить повеление Божье и повести народ, Моисей постился и даже не пил воды в течение сорока дней, тогда как толпа поклонялась идолу, ненавистному Богу. Что чувствовал Моисей, когда увидел, что они совершают такой грех?

Сердце Моисея было так возмущено ими, что он разбил скрижали с заповедями о подножье горы. Он сжег тельца в огне, а прах рассыпал по воде, которую затем заставил пить сынов Израиля. Народ так прогневал Бога, что Он был готов уничтожить их всех до единого. Бог сказал, что истребит их и произведет многочисленный народ от Моисея.

В мировой истории можно найти примеры людей,

которые замышляли измену, чтобы свергнуть царя и завладеть троном. Они делали это из собственных, эгоистичных побуждений. Такие люди очень бы желали переустроить страну по собственному произволу и завещать ее своим потомкам.

И Бог сказал, что создаст великий народ от одного-единственного человека. Этим человеком был Моисей. Но Моисей был готов отдать свою жизнь, чтобы спасти народ Израиля, запятнавший себя таким злодеянием.

«И возвратился Моисей к Господу, и сказал: о, народ сей сделал великий грех: сделал себе золотого бога. Прости им грех их. А если нет, то изгладь и меня из книги Твоей, в которую Ты вписал» (Исход, 32:31-32).

«... Из книги Твоей, в которую Ты вписал» - здесь, имеется в виду Книга жизни, в которой записаны имена спасенных. Те, чьи имена не вписаны в эту книгу, попадут в вечное пламя ада.

Моисей хорошо понимал, что значит быть вычеркнутым из Книги жизни, и он лучше других знал об ужасах ада. Но, с готовностью пожертвовав собой, он молил Бога о прощении народа. По его отчаянной молитве Бог еще раз простил народ.

Книга Псалмов дает представление о том, как сыны Израиля сокрушили сердце Моисея.

«Сколько раз они раздражали Его в пустыне
и прогневляли Его в [стране] необитаемой!»
(Псалом, 77:40).

То же происходит и сегодня. Есть люди, которые исцелились от неизлечимой болезни или получили ответы на молитвы о своих насущных проблемах. Но проходит время, и они списывают все на простое совпадение, сомневаются в Боге, отходят от Него. Это приносит Богу великую скорбь.

Завет заключен вновь, и скиния достроена

Когда проблема, по милосердию Божьему, была решена, Моисей вырубил две каменные скрижали, подобные первым, и вновь взошел на гору Синай. Он опять постился сорок дней и получил Десять Заповедей на этих скрижалях.

После этого он вернулся к народу, созвал всех и предложил им доброхотно жертвовать на скинию ГОСПОДА Бога.

«Сделайте от себя приношения ГОСПОДУ;
каждый по усердию пусть принесет приношение
ГОСПОДУ, золото, серебро, медь...» (Исход, 35:5).

Народ сразу пошел к своим шатрам и принес свои приношения Богу. Они несли свои серьги, кольца, перстни и браслеты и любое золото. Они несли бараньи и козьи шкуры и чистую выделанную кожу. Искусные женщины пряли козью шерсть и приносили пряжу.

«И приходили все, которых влекло к тому сердце, и все, которых располагал дух, и приносили приношения ГОСПОДУ для устроения скинии собрания и для всех потребностей ее и для священных одежд» (Исход, 35:21).

Все несли свои приношения с радостью. И принесли значительно больше того, что требовалось для строительства. Моисею пришлось сказать им, что больше даров не надо. Бог благословляет тех, кто жертвует доброхотно и с радостным сердцем.

Некоторые критикуют церкви, строящие большие здания, говоря, что лучше потратить деньги на благотворительность. Но очень важно построить храм Божий не только на пожертвования нескольких людей, а силами всех прихожан.

Наконец, сыны Израиля начали строительство скинии, такой, которую Бог приказал им построить. Сначала они установили скинию. Затем сделали ковчег завета, или ковчег свидетельства, стол, светильник, алтарь для благовоний, алтарь для всесожжений и одежды священников.

Когда они завершили строительство скинии, пришло время посвятить ее Богу. Моисей поставил в скинии ковчег завета, поместил там стол и все, что полагается быть на нем, зажег лампады светильника. Велел Аарону и его сыновьям омыться водой и облачиться в священные одежды.

В это время облако покрыло скинию, и слава Божья наполнила ее. С тех пор Божье облако стояло над скинией днем, а ночью в ней был огонь. Все собрание могло чувствовать, что Бог был с ними. И когда облако поднималось от скинии, тогда сыны Израиля отправлялись в путь; если же облако не поднималось, то и они не отправлялись в путь (Исход, 40:36-38).

И до сей поры, Бог вел их из Египта столпом огня и облака. Но, после освящения скинии, облако оставалось над ней, и Израильтяне могли чувствовать присутствие Божье более отчетливо.

То же самое было символически воссоздано в храме, построенном Соломоном. Там были два столпа, названные Иахин и Воаз, которые символизировали столпы огня и облака, с помощью которых Бог вел их по пустыне.

Грех противостояния человеку Божьему

Хотя они и построили скинию по приказу Божьему, это не означало, что Израиль полностью изменился. Как только они сталкивались с трудностями, они тут же начинали роптать на Моисея, а когда с чем-то не соглашались, то даже критиковали его, говоря, что он неправеден.

Например, когда Моисей взял в жены Ефиоплянку,

его брат и сестра, Аарон и Мариам, стали упрекать его. В Числах, 12:2, записано: *«Одному ли Моисею говорил ГОСПОДЬ? не говорил ли Он и нам?»*. Они полагали, что имеют право укорить Моисея за проступок, поскольку и сами они также были пророками Божьими.

Если бы это было правдой, что Моисей, как говорили Мариам и Аарон, преступил Слово Божье, а сами они были праведнее Моисея, то Бог избрал бы не Моисея, а именно их.

Но Бог избрал Моисея. Более того, Бог не простил Мариам и Аарону этого упрека, поскольку Моисей был верен Богу во всем доме Его и был человеком по сердцу Бога.

И сказал ГОСПОДЬ: «Слушайте слова Мои: если бывает у вас пророк ГОСПОДЕНЬ, то Я открываюсь ему в видении, во сне говорю с ним; но не так с рабом Моим Моисеем, – он верен во всем дому Моем. Устами к устам говорю Я с ним, и явно, а не в гаданиях, и образ ГОСПОДА он видит; как же вы не убоялись упрекать раба Моего, Моисея?» (Числа, 12:6-8).

Бог излил свой гнев на Мариам и Аарона, упрекавших Моисея, и Мариам покрылась проказой. Моисей молил Бога исцелить ее, но Бог исцелил ее только после семи дней, которые она провела вне стана. Критика человека Божьего есть грех не малый.

Но сегодня есть люди, которые на основании своего мнения судят и критикуют церкви или тех, кто следует воле Бога. Например, если церковь становится большой, расширяя Царство Божье, некоторые называют это «меркантилизмом». Они также порочат тех, кто показывают мощные деяния Божьи и проповедуют Евангелие.

Есть и такие, кто распространяют ложные слухи, критикуя церкви. Это может стать смертным грехом, потому что препятствует Царству Божьему.

На пути к Ханаану Израильтяне стали свидетелями многих знамений и чудес, но они постоянно сомневались и роптали против Бога и Моисея, Божьего человека. Бог был терпелив с ними, Он являл им многие мощные деяния, чтобы их вера возрастала. Он действовал через веру одного человека, Моисея.

Каждый раз, совершая великие деяния, Он говорил: *«... узнаете, что Я ГОСПОДЬ, Бог ваш»* (Исход, 16:12). Бог искренне желал, чтобы они росли в вере, видя силу Божью. Бог направлял их, чтобы они познали и уверовали в Него, и, испытав деяния Всемогущего Бога, от всего сердца покорились Ему.

Здесь, познать Бога не значит иметь знание о Нем. В 1-м послании Иоанна, 2:4, читаем: *«Кто говорит: "я познал Его", но заповедей Его не соблюдает, тот лжец, и нет в нем истины»*. Познать Бога - значит отбросить все грехи и зло и уподобиться Богу, Который есть Свет.

Следовательно, время, проведенное в пустыне, было крайне важным для Израильтян. Благодаря своему лидеру, Моисею, они стали свидетелями многих великих деяний Божьих и были ведомы Самим Богом. Они, в конце концов, дошли до Кадес-Варни. Пред их глазами лежала земля Ханаанская, войти в которую они так долго стремились.

Глава 4

«Если ГОСПОДЬ
милостив к нам»

- Исповедание Иисуса Навина и Халева -

Числа, 14:6-9

⁓৶৶ৡৡৡ⁓

«И Иисус, сын Навин, и Халев, сын Иефонниин, из осматривавших землю, разодрали одежды свои и сказали всему обществу сынов Израилевых: земля, которую мы проходили для осмотра, очень, очень хороша. Если ГОСПОДЬ милостив к нам, то введет нас в землю сию и даст нам ее – эту землю, в которой течет молоко и мед. Только против ГОСПОДА не восставайте и не бойтесь народа земли сей, ибо он достанется нам на съедение: защиты у них не стало, а с нами ГОСПОДЬ; не бойтесь их».

Израильтяне дошли до Земли Обетованной через год после Исхода из Египта. Если бы они шли кратчайшим путем, им потребовалось бы всего несколько дней. Даже при таком множестве людей, отправившихся в путь, на это ушло бы лишь пару месяцев.

Но Бог вел их по пустыне безопасным путем, поэтому им пришлось сделать круг. Это было необходимо во избежание столкновений с Филистимлянами.

Представьте себе, что более двух миллионов человек, весь домашний скот идут через чужую страну. Разве смогли бы местные жители спокойно наблюдать эту картину? Даже несмотря на то, что Израильтяне не имели намерений воевать с ними, неудобства и беспокойство, причиненные Филистимлянам, могли привести к конфликту.

Совершая поход через пустыню, они делали остановки иногда на несколько дней, иногда на несколько месяцев. Как сказано в Числах (9:22): *«Или, если два дня, или месяц, или несколько дней стояло облако над скиниею, то и сыны Израилевы стояли и не отправлялись в путь; а когда оно поднималось, тогда отправлялись»*, то есть без ведущего их облака они в путь не трогались.

Всегда, когда они сталкивались с трудностями, у них появлялась возможность обрести веру, так как Бог через Моисея дозволял им увидеть Свою силу. Для того чтобы войти в Ханаан, была необходима вера всех Израильтян. Они вышли из Египта с верой в промысел Божий благодаря одному человеку - Моисею. Но чтобы выиграть в битве с народами Ханаана и завоевать эту землю, должна была вырасти вера всего Израильского народа.

Двенадцать разведчиков в Кадес-Варни

Израильтяне прибыли в Кадес-Варни, что южнее Ханаана. Бог велел Моисею избрать по одному разведчику от каждого из двенадцати колен, чтобы за сорок дней осмотреть землю.

Поскольку в этих местах уже жили люди, то им необходимо было собрать о них информацию, прежде чем начать с ними борьбу. Это было первым испытанием перед входом в Ханаанскую землю.

Чтобы получить Божьи благословения, нам нужно подготовить сосуд, чтобы принять их. Хотя все наши благословения - по милости Божьей, однако с ростом веры возрастают и требования для получения благословений.

Например, отец веры Авраам стал человеком праведным, по сердцу Божьему, пройдя через испытания. Бог не сразу излил на него благословения. Только после того как он доказал свою веру, пройдя через испытание и выразив готовность пожертвовать своим единственным сыном Исааком, Бог благословил его, а его самого сделал «источником благословений».

После осмотра земли Ханаанской двенадцать лидеров – по одному от каждого колена - должны были продемонстрировать свою веру. Израильтяне очень многого ожидали от них, подходя к Земле Обетованной. Они, наверное, надеялись, что разведчики станут их глазами, ушами и сердцами, осматривая землю.

Моисей также дал им следующий наказ, пока они исследуют землю:

«Пойдите в эту южную страну, и взойдите на гору; и осмотрите землю, какова она, и народ живущий на ней, силен ли он или слаб, малочислен ли он или многочислен? И какова земля, на которой он живет, хороша ли она или худа? и каковы города, в которых он живет, в шатрах ли он живет или в укреплениях? и какова земля, тучна ли она или тоща? есть ли на [ней] дерева или нет? Будьте смелы, и возьмите от плодов земли» (Числа, 13:18-21).

Сорок дней они осматривали землю, и, как и сказал Бог, это была земля, в которой текли молоко и мед. Почва была доброй, а плодов и зерна было в изобилии.

Дойдя до долины Есхол, находящейся к юго-западу от Иерусалима, они нашли там хороший виноград. Поскольку Моисей приказал им принести от плодов земли, они срезали с лозы одну кисть винограда. Она была настолько велика, что нести ее пришлось двум мужчинам на шесте. Они также взяли плоды граната и смоквы.

Проблемой были населяющие землю народы. В Ханаане жили разные люди. Они были рослыми и сильными. Примером тому - сыны Енаковы, из колена Неффалимова.

Неффалим на иврите означает «гигант». По сравнению с ними, разведчики казались себе саранчой. Филистимлянин Голиаф был шести локтей и пяди ростом, т.е. около трех метров. Так что, становится понятным, насколько рослыми были хананеи.

Поскольку люди были большие, их города и крепости тоже были внушительными (Второзаконие, 1:28). Десять из двенадцати разведчиков оробели, увидев реальную ситуацию.

Разные донесения двенадцати разведчиков

Израильтяне выслушали доклады вернувшихся разведчиков и заволновались. В это время один из двенадцати разведчиков, Халев, сын Иефонниин, попытался успокоить народ и без всякого страха сказал: «Пойдем и завладеем землей! Мы можем одолеть их!». Но вместо поддержки в ответ он услышал только резкую критику других разведчиков, ходивших осматривать землю.

«Не можем мы идти против народа сего, ибо он сильнее нас. И распускали худую молву о земле, которую они осматривали, между сынами Израилевыми, говоря: земля, которую проходили мы для осмотра, есть земля, поядающая живущих на ней, и весь народ, который видели мы среди ее, люди великорослые. Там видели мы и исполинов, сынов Енаковых (часть колена Неффалимова), от исполинского рода; и мы были в глазах наших [пред ними], как саранча, такими же были мы и в глазах их» (Числа, 13:32-34).

Израильтяне поверили не словам Халева, а отрицательным и обескураживающим докладам десяти других разведчиков.

«Мы прошли весь этот долгий путь из Египта, и если мы не можем войти в землю Ханаана, то что же нам делать здесь, в пустыне, где и травинку найти трудно?».

В отчаянии они стали жаловаться на Моисея и Аарона и роптать против Бога.

«И роптали на Моисея и Аарона все сыны Израилевы, и все общество сказало им: о, если бы мы умерли в земле Египетской, или умерли бы в пустыне сей! И для чего ГОСПОДЬ ведет нас в

*землю сию, чтобы мы пали от меча? Жены наши
и дети наши достанутся в добычу [врагам]. Не
лучше ли нам возвратиться в Египет?» (Числа,
14:2-3).*

Израильтяне плакали и стенали всю ночь и наконец
надумали назначить себе другого вождя и вернуться в
Египет. Однако были двое, чьи сердца горели и в этой
напряженной ситуации.

Среди двенадцати, посланных осмотреть землю, только
у Иисуса Навина и Халева сердца исполнились скорбью
при виде народа, у которого не было веры, и они, разодрав
свои одежды, воззвали к нему.

*«Земля, которую мы проходили для осмотра, очень,
очень хороша. Если ГОСПОДЬ милостив к нам, то
введет нас в землю сию и даст нам ее – эту землю,
в которой течет молоко и мед. Только против
ГОСПОДА не восставайте и не бойтесь народа
земли сей, ибо он достанется нам на съедение:
защиты у них не стало, а с нами ГОСПОДЬ; не
бойтесь их» (Числа, 14:7-9).*

Они свидетельствовали об этом с верой, но в этом уже
не было смысла, поскольку люди потеряли энтузиазм.
Народ даже собирался побить их камнями. Люди не могли
справиться с реальностью, оказавшись в этой трудной

ситуации.

Но люди веры не смотрят на реалии происходящего. Они понимают волю Божью и знают, что могут сделать все, если с ними Бог. И чтобы совершить дела веры, они действуют согласно своей убежденности.

В Псалме, 36:4, написано: *«Утешайся ГОСПОДОМ, и Он исполнит желание сердца твоего»*. Послание к Евреям, 11:6, говорит: *«А без веры угодить Богу невозможно; ибо надобно, чтобы приходящий к Богу веровал, что Он есть, и ищущим Его воздает»*.

Если мы угодны Богу и словами, и делами веры, то невозможное становится возможным благодаря силе Божьей. Даже испытав на себе множество деяний Божьих, все, кроме Иисуса Навина и Халева, не прошли испытание и не показали веру, угодную Богу.

Израиль отверг Бога

Бог разгневался на Израильтян, которые продолжали роптать. Он сказал, что поразит их язвою и уничтожит их.

«И сказал ГОСПОДЬ Моисею: доколе будет раздражать Меня народ сей? и доколе будет он не верить Мне при всех знамениях, которые делал Я среди его? Поражу его язвою и истреблю его, и произведу от тебя народ многочисленнее и сильнее его» (Числа, 14:11-12).

Моисей же просил: «Прости грех народу сему по великой милости Твоей, как Ты прощал народ сей от Египта доселе» (Числа, 14:19).

Надежда на Ханаанскую землю улетучилась, лопнула, как мыльный пузырь. Только заступничество Моисея помогло сохранить им жизни, и, за исключением Иисуса Навина и Халева, показавших истинную веру, никто из первого поколения Исхода не смог войти в землю Ханаанскую.

И так как многие твердили: «Лучше бы нам умереть в земле Египетской! Или умереть бы нам в пустыне!», они так и умерли там. И тогда обетование Божье о земле Ханаанской перешло к детям, которым было тогда меньше двадцати лет, но из-за греха родителей им пришлось странствовать по пустыне сорок лет.

Сорок дней, которые разведчики провели, осматривая землю, обернулись для народа сорока годами, а те десять разведчиков, которые возмутили все общество, распуская худую молву о земле, умерли, пораженные ГОСПОДОМ (Числа, 14:36-38).

Поэтому следует понимать, как важно то, что сходит с наших уст, и нельзя ничего говорить опрометчиво. Наши слова должны быть честными и тщательно выверенными; важно делать исповедания истинной веры и не говорить негативных слов.

Наслав Десять казней, Бог освободил сынов Израильских из Египта. Он перевел их через Красное море как посуху. Он превратил горькую воду в сладкую. Бог послал им манну и перепелов; Он дал им воду из скалы. Он вел их облаком днем и столпом огненным ночью, пока они не дошли до земли Ханаанской. Однако из-за своего упрямства и неверия они оставались теми же, кем были в Египте.

Начало жизни в пустыне

Израильтяне сокрушались и плакали, услышав повеление Божье, переданное через Моисея, и увидев десять разведчиков, умерших от язвы.

«И, вставши рано поутру, пошли на вершину горы, говоря: вот, мы пойдем на то место, о котором сказал ГОСПОДЬ, ибо мы согрешили» (Числа, 14:40).

Они сказали, что готовы атаковать Ханаан, но было слишком поздно. Моисею было известно, что Бог оставил их в тот момент, когда они согрешили, и попытался остановить их.

«Не ходите, ибо нет среди вас ГОСПОДА, чтобы не поразили вас враги ваши; ибо Амаликитяне и Хананеи там пред вами, и вы падете от меча, потому что вы отступили от ГОСПОДА, и не

будет с вами ГОСПОДА» (Числа, 14:42-43).

Вопреки совету Моисея, кое-кто отправился в горную страну. Результатом этого стало полное поражение. Этот поход на Ханаан не был проявлением послушания или веры.

Это похоже на то, как студент, проваливший экзамен в институт, потом узнает правильные ответы на вопросы. Но эти знания уже не помогут ему поступить в институт. Ничего подобного не произойдет. Ему придется готовиться еще год, а затем снова сдавать экзамены и подтверждать свои знания.

Когда часть Израильтян поднялась в горы, это не значило, что у них была вера: они притворялись, что веруют. Вместо того чтобы идти в Ханаан, им следовало бы искренне покаяться в своих грехах и попытаться обретести духовную веру.

Если бы они покаялись от всего сердца, ситуация, возможно, изменилась бы. Но этот поступок не был свидетельством их раскаяния. Они всего лишь желали избежать наказания и скрыть свою вину. И это опять же привело к непослушанию. По этой причине им пришлось столкнуться с горечью полного поражения и сорок лет странствовать по пустыне.

Не думаете ли вы, что Израильтяне поступили безрассудно? На самом деле, некоторые люди сегодня мало чем отличаются от Израильтян того времени.

Когда мы следовали по пути смерти, Бог послал нам Своего Единственного и Единородного Сына. Он искупил наши грехи и вывел нас на путь спасения. Но даже верующие забывают об этой благодати и ропщут на Бога, когда сталкиваются с трудностями.

Первое поколение Исхода не покаялось и не отвратилось от греха даже после наказания странствием по пустыне. Эти люди не искоренили грех в своих сердцах и не обрели веру. Злое сердце Израильтян стало причиной еще одного происшествия, которое навлекло великую кару на весь стан. Это был бунт Корея.

Восстание Корея

Израильтяне вошли в пустыню по воле Божьей. Они так сильно ненавидели свою жизнь в пустыне, что один из левитов, по имени Корей, спровоцировал народ выступить против Моисея.

Корей был двоюродным братом Моисея и считал, что ни в чем не уступает ему. Корею не нравилось, что Моисей и Аарон были наделены властью священнослужителей. Он подговорил двести пятьдесят старейшин, и они вместе выступили против Моисея.

«И собрались против Моисея и Аарона, и сказали им: полно вам; все общество, все святы, и среди их ГОСПОДЬ! Почему же вы ставите себя выше

народа ГОСПОДНЯ?» (Числа, 16:3).

Он вопрошал: кем возомнили себя Моисей и Аарон и как они стали вождями Исхода? В особенности возмущались Дафан и Авирон, говоря приблизительно так: «Не только вывели вы нас из земли, текущей молоком и медом, и обрекли на верную смерть в пустыне, но и притязаете править нами!».

Когда Моисей пал на лицо свое перед Богом, Бог велел ему и Аарону отделить себя от «общества сего», которое Он истребит в мгновение (Числа, 16:21). Но Моисей просил о пощаде: *«Боже, Боже духов всякой плоти! Один человек согрешил, и Ты гневаешься на все общество?»* (ст. 20). Бог даровал ему Свой ответ.

Как только Моисей перестал говорить о смерти Корея, Дафана и Авирона, земля под ними разверзлась и поглотила их и семьи их. Корей и все родственники и рабы его, со всем их владением, провалились в бездну. И земля сомкнулась над ними.

Огонь также сошел от ГОСПОДА и поглотил двести пятьдесят человек, воскуривавших фимиам. Теперь народ как будто бы должен был осознать, какова была воля Божья. Но вместо этого они лишь возроптали на Моисея и Аарона, говоря, что те стали причиной гибели мужей ГОСПОДНИХ.

Если бы они, наказанные, скитаясь по пустыне, искренне раскаялись бы в своем зле и покаялись, то они никогда бы не выступили на стороне Корея. Люди бы не восстали против человека Божьего, Моисея.

Но они не искоренили зло в сердцах своих и возмутились против Бога, за что и были наказаны мором, унесшим жизни 14.700 человек.

Расцветший жезл Аарона и медный змей

Долготерпящий Бог усмотрел нечто, еще раз давшее народу понимание.

Бог велел Моисею взять по жезлу от каждого колена, общим числом двенадцать. Богу было угодно, чтобы он написал на жезлах имена начальников каждого колена, а затем поместил эти жезлы в скинию завета. Бог пожелал явить им свидетельство: жезл избранника Божьего должен был к утру расцвести.

Как может расцвести срезанная сухая ветвь дерева, посох? Но благодаря силе Божьей, одна из сухих ветвей к утру покрылась цветами. Более того, она не только расцвела, но и принесла созревший миндаль.

Совершенно очевидно, что расцветший посох принадлежал Аарону, озвучивавшему слова Моисея. Бог прямо показал народу, что Он с Моисеем и Аароном. Он явил им это свидетельство, чтобы они обрели веру.

Но они пренебрегли даже этим знамением. Они роптали как и прежде, жалуясь на жажду, усталость, или нежелание есть манну небесную каждый день.

«И возроптал народ на Моисея и сказал: о, если бы умерли тогда и мы, когда умерли братья наши пред ГОСПОДОМ! Зачем вы привели общество ГОСПОДНЕ в эту пустыню, чтобы умереть здесь нам и скоту нашему? и для чего вывели вы нас из Египта, чтобы привести нас на это негодное место, где нельзя сеять, нет ни смоковниц, ни винограда, ни гранатовых яблок, ни даже воды для питья?» (Числа, 20:3-5).

Они даже назвали ниспосланную Богом манну «негодной пищей», чем презрели благодать Божью (Числа, 21:5). Они навлекли новую кару Божью: появились ядовитые змеи, и от их укусов многие погибли. Лишь тогда народ покаялся.

Когда Моисей помолился о народе, Бог дал ему способ избежать катастрофы. Богу было угодно, чтобы Моисей сделал медного змея и поместил его на шест. Те, кто смотрели на змея, получили спасение от смертоносных змеиных укусов. Бог счел послушание слову Моисея верой и исцелил их.

Дело не в том, что до этого ядовитых змей в пустыне не существовало и они появились неожиданно. В пустыня обитали не только змеи, но и ядовитые скорпионы и насекомые. Но Бог хранил народ свой, и поэтому они не приближались к людям. Однако стоило им возроптать и согрешить, и Бог не мог более оберегать их.

Обычно, попав в аварию, заболев или столкнувшись с другими проблемами, люди либо жалуются на свою долю, либо считают это случайным совпадением обстоятельств. Но за каждой такой проблемой стоит духовная причина. Израильтяне поняли истоки проблемы змеиных укусов, и, когда они, придя к Моисею, покаялись в своих грехах, Бог решил эту проблему. Подобно им мы должны покаяться и предстать пред Богом, так как покаяние разрушает стену греха. Жизнь по Слову Божьему помогает найти выход из любых трудностей.

В этом случае медный змей – это символ, пророчествующий об Иисусе Христе, Который спасает нас от проклятия Закона. В Евангелии от Иоанна, 3:14-15, мы читаем: *«И как Моисей вознес змию в пустыне, так должно вознесену быть Сыну Человеческому, дабы всякий, верующий в Него, не погиб, но имел жизнь вечную».*

Подчинившись Слову Божьему и посмотрев на бронзового змея, люди спаслись. Так и души, шедшие путем гибели, вознеся свои взоры на распятого Иисуса и приняв Его как Спасителя, получают спасение. Именно это символизирует медный змей.

Завоевание восточной части Иордана, и Валаам

Аарон был старшим братом Моисея и тем, кто озвучивал

его слова. Он был вместе с ним с самого начала Исхода и в отмеренный час почил на горе Ор.

Сорокалетний срок подходил к концу. Народ был готов завершить тяготы странствий в пустыне и войти в Землю Обетованную.

Израильтяне сражались с Сигоном, царем Аморрейским, и Огом, царем Васанским. Желая пройти через их земли, они получали отказ, и завязывалась вражда. Но Бог был с Израильтянами, и им с легкостью удалось завоевать земли к востоку от Иордана.

Затем Израильтяне пошли на юг и встали станом на равнинах Моава, на восточном берегу Иордана.

Когда Израильтяне завоевали земли Аморрейские и Васанские и остановились в Моаве, царь Валак почувствовал опасность. В великом страхе он послал гонца к Валааму, жившему у реки Пефор, и попросил проклясть Израильтян.

Валаам был язычником, но знал, как общаться с Богом. Он помолился Богу, пытаясь узнать волю Божью, и получил Его ответ: *«Не ходи с ними, не проклинай народа сего, ибо он благословен»* (Числа, 22:12).

По этой причине он отклонил просьбу царя Моавитян, Валака. Однако Валак послал еще больше золота и драгоценностей и передал их Валааму с еще более знатными послами. Сердце Валаама дрогнуло, и он вновь обратился к Богу с молитвой.

Тогда Бог дозволил ему пойти к царю Моавитян. Дело

не в том, что Бог изменил Свое мнение, а в том, что Он знал переменчивое сердце Валаама и желания его. Поэтому Бог позволил Валааму последовать желанию своего сердца. Бог даже отверз уста ослице, чтобы та говорила с Валаамом и предостерегла его от неправильного решения. Но и это не помогло.

Конечно, Валаам не смог проклясть народ Израиля, даже когда пришел к Валаку. С великими почестями Валак попросил его проклясть Израильтян с высот Вааловых. Но вместо этого Валаам благословил Израильтян данными ему свыше словами.

Валак трижды просил Валаама проклясть их с разных мест, но Валаам только благословлял Израиль.

«Как прекрасны шатры твои, Иаков, жилища твои, Израиль! Расстилаются они как долины, как сады при реке, как алойные дерева, насажденные ГОСПОДОМ, как кедры при водах» (Числа, 24:5-6).

Валаам не мог перечить Божьей воле и проклясть Израиль. Однако он желал получить богатые дары и поэтому замыслил коварный план. Он хотел, чтобы Израильтяне совершили греховные поступки, которые бы отвратили от них Бога.

Когда Моавитяне приносили жертвы своим богам, Валаам сделал так, чтобы они приглашали Израильтян. Израильтяне пришли в Моав, ели, пили и поклонялись идолам. Они совратились, поддавшись на искушение. Они предавались немыслимому разврату с женщинами Моава. Этот грех вызвал мор, который унес жизни многих людей.

Библия называет Валаама человеком, который пошел путем смерти из любви к нечестной наживе, и призывает не следовать его примеру. Конечно, нельзя сказать, что Валаам с самого начала ослушался Божьей воли. Однако он не смог преодолеть искушения деньгами, и, как только они заняли его мысли, он развратился.

Сегодня многие люди идут на поводу у мира и грешат пред Богом из-за любви к деньгам. Желание разбогатеть приводит к нарушению Божьих заповедей. Они не святят День Господень. Они не платят десятину, как это следует, и в результате «обкрадывают» Бога. Но идти на поводу у мира и любить его больше, чем Бога, значит совершать духовное прелюбодеяние.

Глупец Валаам на момент завладел многим, но вскоре его постиг трагический конец – он пал от рук Израильтян. Хотя злодейская хитрость Валаама отложила этот момент, Израиль все же завладел землями к востоку от Иордана. Эта земля была взята сынами Рувима и Гада, и коленом Манассиина, как они того просили.

Те, кто были во времена Исхода детьми, повзрослели и теперь играли главную роль, став лидерами Израильтян. Первое поколение Исхода, за исключением двух человек, умерло в пустыне, потому что они роптали на Бога у Кадес-Варни. Моисей и Аарон также не могли войти в землю Ханаанскую, потому что, будучи вождями, несли ответственность за это.

Лишь Иисус Навин и Халев получили обетование, что они войдут в землю Ханаанскую со следующим поколением. В отличие от других людей, чьи сердца ожесточились и которые погибли в пустыне, эти двое изменили свои сердца в соответствии с истиной и преумножили подлинную веру.

Они не боялись ни могущественных народов, населявших Ханаан, ни их мощных крепостей. Они исповедовали: *«Если ГОСПОДЬ милостив к нам, то введет нас в землю сию и даст нам ее – эту землю, в которой течет молоко и мед»* (Числа, 14:8). Это исповедание Иисуса Навина и Халева применимо к нам и сегодня, в наши дни.

Давайте осознаем, что если мы угодны Богу, то для нас нет ничего невозможного. Просите Его с верой истинной и получите ответы.

Глава 5

«С тобою ГОСПОДЬ, Бог твой»

- Преемник Моисея -

Книга Иисуса Навина, 1:6-9

«Будь тверд и мужествен; ибо ты народу сему передашь во владение землю, которую Я клялся отцам их дать им. Только будь тверд и очень мужествен, и тщательно храни и исполняй весь закон, который завещал тебе Моисей, раб Мой; не уклоняйся от него ни направо, ни налево, дабы поступать благоразумно во всех предприятиях твоих. Да не отходит сия книга закона от уст твоих; но поучайся в ней день и ночь, дабы в точности исполнять все, что в ней написано: тогда ты будешь успешен в путях твоих и будешь поступать благоразумно. Вот Я повелеваю тебе: будь тверд и мужествен, не страшись и не ужасайся; ибо с тобою ГОСПОДЬ, Бог твой, везде, куда ни пойдешь».

Сорок лет в пустыне были не только временем наказания для Израильтян, которые не могли показать свою веру, но и временем духовного обучения. Это время встречи второго поколения Исхода с Богом, их личного опыта с Ним, и обретения веры.

Прежде чем благословить, Бог проводит нас через различные периоды обучения, чтобы мы научились иметь духовную веру. Без духовной веры мы не можем ни получить спасения, ни войти в Царство Небесное.

Если бы Бог благословлял нас прежде, чем мы обретем духовную веру, то большинство из нас вернулось бы в мир. Поэтому Бог дает увидеть удивительные дела Божьи, и иногда допускает, чтобы мы прошли через огненные испытания, чтобы росла наша вера.

Чтобы получить духовные и материальные благословения, духовную власть и силу, не имеет значения как давно человек является христианином. Все зависит от меры духовной веры. Духовная вера дается, когда мы храним в сердце Слово Божье и меняем наше сердце изнутри.

До второго поколения Исхода дожили только Моисей,

Иисус Навин и Халев. Все остальные из первого поколения Исхода умерли в пустыне.

Последняя проповедь Моисея

После сорока лет, когда пришло время войти в Ханаан, Моисей начал свою долгую проповедь. Это была последняя воля отца, заботящегося о будущем своих детей. С большой любовью к народу Израиля, он дал последние советы тем, кому после его смерти предстояло завоевать землю Ханаана.

На самом деле, книга Второзакония и есть проповедь Моисея, проповедь о законе, которому Моисей учил народ на равнине Моава.

Моисей особо подчеркнул, что первое поколение Исхода не смогло наследовать землю Ханаана из-за непослушания. Он пытался объяснить, что повиновение Богу - основная человеческая обязанность, которая приносит благословения. Второзаконие, словно справочник и учебник, объясняет принципы и основы, которые должен был иметь и понимать народ Божий. Главное - это обязательность соблюдения заповедей Божьих.

«Смотрите, поступайте так, как повелел вам ГОСПОДЬ, Бог ваш; не уклоняйтесь ни направо, ни налево. Ходите по тому пути, по которому повелел вам ГОСПОДЬ, Бог ваш, дабы вы были живы,

и хорошо было вам, и прожили много времени на той земле, которую получите во владение» (Второзаконие, 5:32-33).

«Если ты... будешь слушать гласа ГОСПОДА, Бога твоего, тщательно исполнять все заповеди Его, которые заповедую тебе сегодня, то ГОСПОДЬ, Бог твой, поставит тебя выше всех народов земли» (Второзаконие, 28:1).

Тема, которая вновь и вновь повторяется во Второзаконии, говорит нам, что мы будем благословенны, если станем исполнять заповеди Божьи, и навлечем на себя проклятие, если не будем следовать им. Это - не для того, чтобы устрашить народ, или возложить на него бремя, а, как сказано во Второзаконии (10:13): *«...чтобы соблюдал заповеди Господа и постановления Его, которые сегодня заповедую тебе, дабы тебе было хорошо».* И сказано это было, чтобы указать им путь к настоящему счастью.

Со времени грехопадения Адама враг дьявол управляет миром. Неверующие в Бога страдают от несчастий под контролем сатаны. Поэтому, чтобы жить жизнью благословенной, нужно удалиться от тьмы и держаться Слова Божьего, ибо Он есть Свет.

1-е послание Иоанна, 1:6, говорит: *«Если мы говорим, что имеем общение с Ним, а ходим во тьме, то мы лжем и не поступаем по истине».* Те, кто не соблюдают заповеди

Божьи, живут во тьме и принадлежат врагу дьяволу.

Когда враг дьявол наводит несчастья на таких людей, Бог не может защитить их. Например, существуют Правила дорожного движения, чтобы обеспечить безопасность на дорогах. И водители, и пешеходы могут быть в безопасности, если соблюдают эти правила. Но если не подчиняться сигналам светофора, то безопасность не может быть гарантирована.

Так же, когда мы соблюдаем Закон Божий, то находимся в безопасности, в противном же случае, мы не можем получить защиту. Моисей очень хорошо знал об этом факте и многократно советовал Израильтянам соблюдать Божьи заповеди.

Моисей не мог войти в землю Ханаана, но благословил сынов Израилевых (Второзаконие, глава 33-я).

Его собственная вера позволила бы ему войти в землю Ханаанскую, однако он не вошел в нее, так как был вождем первого поколения Исхода, у которого не было веры. Будучи лидером, он нес всю ответственность за это (Второзаконие, 3:25-26). Даже в этом мире руководители могут лишиться своих постов из-за ошибок подчиненных. Это нечто подобное.

Прежде чем Бог взял возлюбленного Им Моисея, чтобы утешить его, Он показал ему Ханаан. Бог любил Моисея больше, чем кого-либо, потому что тот повиновался воле Божьей и с кротостью вел бесчисленный народ. Поэтому Бог разрешил ему посмотреть на землю, хотя войти туда он не мог.

Бог провел его с равнин Моава на гору Нево, и показал ему всю землю Галаад, до самого Дана, и всю землю Неффалимову, и землю Ефремову и Манассиину, и всю землю Иудину, даже до самого западного моря, и полуденную страну и равнину долины Иерихона, город Пальм, до Сигора (Второзаконие, 34:1-3).

Что мог чувствовать Моисей, видя своими глазами Землю Обетованную? Он сам веровал обетованию Божьему больше, чем кто-либо еще, и, возможно, сожалел, и был смущен перед Богом, поскольку не смог привести первое поколение Исхода к большей вере.

Должно быть, он вспоминал сорок лет, прошедшие с того момента, когда он встретил Бога в пламени горящего куста на горе Хорив. Может, мучила мысль: «Эх, если бы смог насадить в них больше веры...». По воле Божьей, он должен был покинуть землю и вероятно чувствовал бремя и тяжесть на сердце, горящем для народа, который оставался после него.

Некоторые говорят, что Моисей не мог войти в землю Ханаана, потому что сам не повиновался слову Божьему. Говорят, что, когда Моисей должен был ударить в скалу только один раз, чтобы из нее пошла вода, он ударил дважды. Другие говорят, что он не мог войти в землю Ханаана, потому что он, разозлившись, разбил скрижали, на которых были начертаны Десять Заповедей.

Но Числа, 12:3, говорят: *«Моисей же был человек*

кротчайший из всех людей на земле». Если кроткий и смиренный Моисей не мог войти в Ханаан, потому что гнев Божий был все еще на нем, то звучит это так, как будто Бог очень страшен.

В Библии также можно найти, что Бог лишь сказал ударить в скалу. А ударить один, или два раза - это как сам Моисей решит. Нельзя сказать, что Моисей не повиновался слову Божьему. О действительной причине, почему Моисей не мог войти в землю Ханаана, говорит Второзаконие, 1:37. Моисей сказал: *«И на меня прогневался ГОСПОДЬ за вас, говоря: и ты не войдешь туда».*

Бог решил записать этот стих в Библии, чтобы у людей не было недопонимания и не возникала мысль, будто Моисей не мог войти в Ханаан, потому что он однажды прогневался или не имел веры. Не в этом дело.

Смерть Моисея

К востоку от Иордана, откуда Моисей мог видеть землю Ханаанскую, он, наконец, после 120 лет жизни, полной всевозможных и неожиданных перемен, отошел, чтобы быть рядом с Богом Отцом.

С тех пор как он получил от Бога обязанность быть вождем Исхода, он повиновался всем словам Божьим.

Стать вождем было делом нелегким. Ему пришлось взять на себя все бремя и все муки своего народа. У него всегда были заботы отца, ведущего свой народ к тому, чтобы он следовал воле Божьей.

Из-за того что народ жаловался, злился и поскольку Моисей претерпел столько мучений и у него было много забот, то конечно же у него не было и дня покоя, пока Бог не забрал его к себе.

Но у него никогда не было желания сдаться, отказаться от своих обязанностей, и он никогда не уклонялся от ответственности. Он лишь падал на землю перед Богом, смиренно признавая, что не может ничего сделать своими собственными силами. Только с верой в Бога он преодолел все трудные ситуации.

Поскольку у него было такое сердце, Бог также доверял ему, лицом к лицу общался с ним и позволил ему совершить столь великие дела.

Не чувствовали ли вы, что данная Богом обязанность тяжела и вам нужен отдых? Надеюсь, что в такой ситуации вы вспомните о Моисее и твердо пойдете дальше, с еще большим рвением.

Иисус Навин, преемник Моисея

После смерти Моисея Бог избрал Иисуса, сына Навина, вести народ Израиля. Иисус Навин был одним из двенадцати разведчиков и угодил Богу своим исповеданием веры.

Он всегда, как слуга, следовал за Моисеем и не покидал его, даже когда тот постился сорок дней, чтобы получить

Десять Заповедей. Исход, 33:11, говорит, что Моисей *«возвращался в стан; а служитель его Иисус, сын Навин, юноша, не отлучался от скинии»*. Как видим, у него была любовь к святому месту Божьему.

Поскольку Иисус Навин любил Бога и неизменно, всем сердцем, доверял Моисею, он и мог быть избран преемником Моисея. Вероятно, у него была на сердце тяжесть, поскольку рядом уже не было великого вождя и теперь ему самому предстояло принять обязанности своего учителя.

Он знал, как тяжки и обременительны обязанности вождя такого многочисленного народа. Сорок лет Иисус Навин видел слезы и муки Моисея ближе, чем кто-либо еще. Поскольку Бог знал сердце Иисуса Навина, Он ободрил его верным словом обетования.

«Никто не устоит пред тобою во все дни жизни твоей; и как Я был с Моисеем, так буду и с тобою; не отступлю от тебя и не оставлю тебя. Будь тверд и мужествен; ибо ты народу сему передашь во владение землю, которую Я клялся отцам их дать им» (Кн. Иисуса Навина, 1:5-6).

Но было одно условие. Он должен был исполнять каждое слово Божье.

«Только будь тверд и очень мужествен, и

тщательно храни и исполняй весь закон, который завещал тебе Моисей, раб Мой; не уклоняйся от него ни направо, ни налево, дабы поступать благоразумно во всех предприятиях твоих. Да не отходит сия книга закона от уст твоих; но поучайся в ней день и ночь, дабы в точности исполнять все, что в ней написано: тогда ты будешь успешен в путях твоих и будешь поступать благоразумно» (Кн. Иисуса Навина, 1:7-8).

Израильтяне, которые были с Иисусом Навином, отличались от первого поколения Исхода. Поколение их родителей родилось и воспитывалось в языческой культуре Египта, и их вера была слаба. Много зла накопилось в них, поскольку они долго жили под гнетом рабства. Но второе поколение росло со Словом Божьим и с детства видело многие дела силы Божьей.

Также они помнили о причине, по которой их родители не могли войти в землю Ханаанскую и скитались сорок лет по пустыне. Теперь они были готовы с истинной верой повиноваться Богу и своему вождю.

В отличие от своих родителей, которые не переставали жаловаться на Моисея, они дали обет безусловного послушания Иисусу Навину.

«Как слушали мы Моисея, так будем слушать и тебя: только Господь, Бог твой, да будет с тобою,

как Он был с Моисеем; всякий, кто воспротивится повелению твоему и не послушает слов твоих во всем, что ты ни повелишь ему, будет предан смерти. Только будь тверд и мужествен!» (Кн. Иисуса Навина, 1:17-18).

Вождь, Иисус Навин, и весь народ объединились сердцем, чтобы исполнить обетование Божье о земле Ханаана. Теперь в их глазах это было правильным.

Ханаан был передовой страной, с высокой культурой, торговавшей с Египтом и Месопотамией. Для Израильтян, бывших в рабстве и сорок лет странствовавших по пустыне, земля Ханаана воистину была землей, где текли молоко и мед.

Иерихон был первым пунктом на их пути, чтобы войти в землю Ханаана.

Разведчики в Иерихоне и блудница Раав

Иисус и Израильтяне не двинулись на Иерихон, потому что имели веру. Сначала им нужно было узнать все о своем противнике. Для того чтобы придумать верный план наступления, надо было узнать, каковы были городские стены, насколько вооружена армия врага, каков ее боевой дух. Иисус выбрал двух человек и отправил их в разведку.

Город Иерихон был шедевром своего времени. Видя только основания городской стены, обнаруженные археологами, мы понимаем, насколько мощной была сама стена. Большинство городов имели только одну стену, а Иерихон – две.

Известно, что толщина одной стены была 1,8 метра, другой - 3,3 метра. Обычными средствами вооружения невозможно было проделать даже маленькое отверстие в них. Жители Иерихона соблюдали все предосторожности, стараясь защититься от нападения со стороны Израильтян.

Когда царь Иерихона узнал, что в город пробрались разведчики, он направил воинов на их поиски. Они точно знали, где находятся разведчики, и могли схватить их немедленно.

Но Бог послал совершенно неожиданную помощь. Это была блудница Раав, в чьем доме остановились разведчики. Она была язычницей, низкого происхождения, но укрыла разведчиков, ослушавшись приказа царя и, тем самым, сделав удивительный шаг веры.

«И сказала им: я знаю, что ГОСПОДЬ отдал землю сию вам, ибо вы навели на нас ужас, и все жители земли сей пришли от вас в робость; ибо мы слышали, как ГОСПОДЬ иссушил пред вами воду Чермного моря, когда вы шли из Египта, и как поступили вы с двумя царями Аморрейскими за Иорданом, с Сигоном и Огом, которых вы истребили. Когда мы услышали об этом, ослабело сердце наше, и ни в ком [из нас] не стало духа

против вас; ибо ГОСПОДЬ, Бог ваш, есть Бог на небе вверху и на земле внизу» (Кн. Иисуса Навина, 2:9-11).

Несмотря на то, что Раав была язычницей, у нее было чистое сердце. Когда она услышала о разделившемся Красном море, о воде из скалы и о военных победах Израильтян, она уверовала во Всемогущего Бога.

Она попросила, чтобы, когда Израильтяне захватят город Иерихон, разведчики спасли жизнь ей и членам ее семьи, так же, как она спасла жизнь им.

Рассуждая по-человечески, мы можем подумать, что она предала свой собственный народ и сокрыла вражеских шпионов. Но выбирала она не народ, она совершила выбор в пользу Бога Творца.

Когда люди услышали о знамениях и чудесах Божьих, сопровождавших Израильтян, то даже язычники с чистым сердцем признали власть Бога на небесах и на земле.

Бог никогда не оставляет, но благословляет ищущих Его и отдающих Ему свое сердце, так как Он исследует самую глубину сердца.

Исповедание веры двух разведчиков

Разведчики с помощью Раав покинули город и три дня прятались в горах. Они еще раз перешли через Иордан и вернулись в стан Израиля. Как вы думаете, что они сказали

Иисусу Навину?

Они подробно доложили о земле, которую увидели. В их докладе не было ни страха, ни негативного отношения. Они свидетельствовали только о том, что видели глазами веры.

«И сказали Иисусу: ГОСПОДЬ предал всю землю сию в руки наши, и все жители земли в страхе от нас» (Кн. Иисуса Навина, 2:24).

Мы видим, как отличалось их донесение от сообщений десяти соглядатаев в Кадес-Варни. Если мы истинно веруем в Бога, нет ничего невозможного. Проблемы обернутся преуспеванием, если Бог с нами. Поэтому нам не следует произносить: «Это невозможно!», «Это слишком трудно!». Люди небрежно произносят негативные слова, которые вошли в их привычную речь.

Например, произносят: «Умираю, хочу увидеть», «Это меня убивает!», «Так наелся, что лопну!». Преувеличения и фальшивые восклицания распространены повсеместно.

Бог слышит все, что мы говорим, видит все наши поступки, знает изнутри наше сердце и замечает все дела веры. Притчи, 18:20-21, гласят: *«От плода уст человека наполняется чрево его; произведением уст своих он насыщается. Смерть и жизнь - во власти языка, и любящие его вкусят от плодов его».*

Нам следует произносить слова веры и добра, говорить

всегда положительно, чтобы ободрять других и сеять в них семена веры.

Глава 6

Переход через Иордан по суше

- Вода Иордана остановилась -

Книга Иисуса Навина, 3:14-17

«Итак, когда народ двинулся от своих шатров, чтобы переходить Иордан, и священники понесли ковчег завета пред народом, то, лишь только несущие ковчег вошли в Иордан, и ноги священников, несших ковчег, погрузились в воду Иордана (Иордан же выступает из всех берегов своих во все дни жатвы пшеницы), вода, текущая сверху, остановилась и стала стеною на весьма большое расстояние, до города Адама, который подле Цартана; а текущая в море равнины, в море Соленое, ушла и иссякла. И народ переходил против Иерихона; священники же, несшие ковчег завета ГОСПОДНЯ, стояли на суше среди Иордана твердою ногою. Все [сыны] Израилевы переходили по суше, доколе весь народ не перешел чрез Иордан».

Второе поколение Исхода, под руководством Иисуса Навина, начало поход в землю Ханаана. Доклад разведчиков о ситуации в Иерихоне поднял боевой дух народа Израиля, и они решительно двинулись завоевывать город.

Народ был готов к схватке и не желал более ждать. С раннего утра Иисус Навин привел народ в боевую готовность, и они выступили к реке Иордан.

Разлившаяся река Иордан

По дороге в Иерихон их путь преградила вышедшая из берегов река Иордан. Поэтому Иисус Навин не стал сразу переходить реку вместе с народом, но разбил лагерь на берегу.

Нужно было найти способ переправиться через реку, потому что во время разлива реки течение делалось очень сильным.

Ширина реки со временем уменьшилась, и сейчас она не более тридцати метров; но в то время она была и шире, и много быстрее.

Как и Желтая река в Китае, она меняет русло. Вдоль

реки расположены поселки; некоторые из них полностью исчезли, но со временем появились новые. Поэтому мы можем сказать, что 3.500 лет назад река Иордан и ее окрестности были другими, нежели сегодня.

Русло Иордана имело много острых изгибов, течение было быстрым. Река выходила из берегов в период жатвы (Кн. Иисуса Навина, 3:15).

Если летом пройдет неожиданный дождь, то даже безобидный ручеек может разлиться настолько, что будет опасным для перехода.

Невозможно было двум миллионам человек, с детьми, стариками и имуществом, перейти большую реку, вышедшую из берегов. Если бы они пожелали выстроить лодку или мост, они не смогли бы найти материалов. А если бы и нашли, то на это потребовалось бы много времени. И жители Иерихона не стали бы спокойно их дожидаться.

Вера второго поколения Исхода

В отличие от первого поколения Исхода, второе было хорошо обучено и имело духовную веру, полагаясь на Всемогущего Бога.

Когда вышедшая из берегов река Иордан преградила им путь, Бог научил их очень простому способу переправиться на другой берег.

Он сказал им, что, если священники войдут в воду Иордана вместе с ковчегом завета, течение остановится и вода станет стеной. Здравый смысл говорит, что это невозможно. Как может остановиться течение от того, что в нее ступит нога?

Если бы попросили народ первого поколения Исхода войти в воду реки Иордан вместе с ковчегом завета, они бы не молчали, но роптали бы, говоря приблизительно так: «Войти в разлившуюся реку с ковчегом! Разве мы должны принять такую смерть? Разве Бог вел нас все это время из Египта, чтобы погубить в реке Иордан?».

Однако второе поколение не вымолвило ни слова жалобы или сомнения. Бог уже разделил Красное море надвое. Они верили, что такому Богу ничего не стоит остановить и течение реки Иордан.

Река Иордан остановилась

Перед тем как пересечь Иордан, Иисус Навин еще раз призвал народ Израиля.

«И сказал Иисус народу: освятитесь, ибо завтра сотворит Господь среди вас чудеса» (Кн. Иисуса Навина, 3:5).

На следующий день, согласно слову Божьему, которое Иисус Навин передал народу, священники, несшие ковчег завета, прошли вперед и остановились у реки.

В начале Исхода, когда воды Красного моря разошлись,

а затем погребли под собой Египетскую армию, это произошло только благодаря послушанию одного Моисея. Несмотря на то, что Израильтяне видели силу Божью во время Десяти казней, низвергнутых на Египет, они в то время еще не имели веры.

Но сейчас, на берегу разлившейся реки Иордан, была нужна вера не одного только Иисуса Навина, но всего народа. Так и мы, приняв Иисуса Христа, должны возрастать в духе и показывать дела веры. Израилю нужно было повиноваться назначенному Богом Иисусу Навину и войти в бурный поток вод Иордана.

В тот же момент, когда священники ступили в воду, исполнилось обещание Бога. «Вода, текущая сверху, остановилась и стала стеною» (Кн. Иисуса Навина, 3:16), а текущая в Соленое море, через равнину Арава, ушла и иссякла.

Пока священники стояли на дне реки с ковчегом завета, вода не двигалась, и Израильтяне смогли быстро пересечь реку. Когда священники вышли из реки, течение реки вошло в прежнее русло.

Увидев величие Божьей силы, Израильтяне стали больше доверять Иисусу Навину и уважать его, как прежде уважали Моисея.

Двенадцать камней в память этого перехода

Бог желал, чтобы они навеки запомнили этот день

и не изменили своего почитания Бога, и поэтому велел им сделать следующее. Бог сказал им взять двенадцать камней из середины реки Иордан, по числу колен сынов Израилевых, принести их в стан и установить их там.

Также Бог велел им установить 12 камней в середине Иордана, на то место, куда ступали ноги священников, несших ковчег завета. Это было необходимо для того, чтобы вечно помнить, что Бог сделал для Израиля, чтобы почитать Его и повиноваться Ему.

«И сказал сынам Израилевым: когда спросят в последующее время сыны ваши отцов своих: "что значат эти камни?", скажите сынам вашим: "Израиль перешел через Иордан сей по суше", ибо ГОСПОДЬ, Бог ваш, иссушил воды Иордана для вас, доколе вы не перешли его, так же, как ГОСПОДЬ, Бог ваш, сделал с Чермным морем, которое иссушил пред нами, доколе мы не перешли его, дабы все народы земли познали, что рука ГОСПОДНЯ сильна, и дабы вы боялись ГОСПОДА, Бога вашего, во все дни» (Кн. Иисуса Навина, 4:21-24).

Удивительным образом иссушив воды реки Иордан, Бог еще раз подтвердил, что Он - с Израильтянами. Кроме того, Хананеи, услышав об этом, так испугались, что сердца их ослабели, и не стало в них более духа противостоять сынам

Израиля.

«Когда все цари Аморрейские, которые жили по эту сторону Иордана к морю, и все цари Ханаанские, которые при море, услышали, что ГОСПОДЬ иссушил воды Иордана пред сынами Израилевыми, доколе переходили они, тогда ослабело сердце их, и не стало уже в них духа против сынов Израилевых» (Кн. Иисуса Навина, 5:1).

Израильтяне были в приподнятом настроении, и казалось, что они немедленно завоюют город Иерихон. Но Бог не позволил им атаковать город сразу. Сначала Он заставил их кое-что выполнить.

Перед столь важным наступлением Бог не велел им готовить их оружие или воинов к битве. Он приказал им обрезаться.

Духовное значение обрезания

Обрезание – это удаление у мальчиков крайней плоти на восьмой день жизни. Впервые эта заповедь была дана Аврааму.

В Бытии, в 17-й главе, Бог пообещал Аврааму, что Он даст Ему землю Ханаанскую. За этим обещанием следовала заповедь обрезания: *«Сей есть завет Мой, который вы [должны] соблюдать между Мною и между вами и между потомками твоими после тебя: да будет у вас обрезан весь мужеский пол»* (Бытие, 17:10).

С того времени сыны Израиля обрезались на восьмой день после рождения. Это было символом завета, что Израильтяне - народ Божий. Бог заповедал им соблюдать эту заповедь из поколения в поколение, а необрезанные должны были быть исторгнуты из народа Божьего.

Эта заповедь точно так же применима к нам и в новозаветные времена. Но имеется в виду не физическое, а духовное обрезание. Мы должны обрезать свои сердца (Второзаконие, 10:16). К обрезанию сердца в своей книге призывает и пророк Иеремия (4:4): *«Обрежьте себя для ГОСПОДА, и снимите крайнюю плоть с сердца вашего...».*

Снять крайнюю плоть с сердца - значит подчиниться Божьим повелениям: что-то делать, от чего-то воздерживаться, что-то хранить, а что-то отвергать. То есть Бог говорит нам любить и отбросить ненависть, святить Субботу и исторгать всякого рода зло. Чтобы освятиться, нам необходимо отбросить неправду, зло, нечестие, беззаконие и тьму, все то, что против Слова Божьего, и хранить истину.

Во времена Ветхого Завета символом их принадлежности Богу было обрезание, потому что еще не пришла эпоха Святого Духа, и люди не могли своими силами искоренять в себе грехи. В Новозаветные времена обрезание сердца является знаком того, что мы дети Божьи.

Следовательно, как необрезанные во времена Ветхого Завета были исключены из народа Божьего, так во времена Нового Завета обрезание сердца прямо связано со спасением.

Иисус Навин должен был провести этот обряд обрезания, так как сыны Израиля, находившиеся в пустыне со времени Исхода, не могли его совершать. Они обрезали себя перед Исходом, но родившиеся в пустыне, то есть мужчины моложе сорока лет, не были обрезаны.

До того как началось завоевание Ханаана, Бог обязал всех мужчин сделать обрезание, чтобы еще раз подтвердить Свой завет с ними.

Дело было не простое. Обрезание – болезненная процедура, после которой они не смогли бы свободно двигаться еще несколько дней. Учитывая, что они пересекли Иордан, они находились в пределах возможного нападения неприятеля. Жители Иерихона были в непосредственной близости и внимательно следили за ними.

Если бы на Израильтян напали сразу же после обрезания, они бы понесли поражение, даже не вступив в битву. Так что, рассуждая по-человечески, они могли подумать: «Почему Бог не повелел нам сделать обрезание в пустыне? Почему Ему понадобилось, чтобы мы это сделали, находясь в опасности?». Если бы они так думали, то могли бы начать жаловаться или даже ослушаться.

Иногда Бог приказывает нам сделать что-то, что, с точки

зрения человека, немыслимо. Но считать это невозможным – это плотская мысль, которая заслоняет от нас чудесные деяния Божьи. Это первостепенный фактор, исключающий или уменьшающий Божью силу, которая могла бы снизойти на нас.

Но поскольку Израильтяне второго поколения Исхода имели веру, они безропотно послушались. В результате, Бог защищал их, пока их раны совершенно не зажили, а неприятель все это время не приближался к ним.

Обрезание и духовная битва

По какой причине Бог велел им обрезаться в такой опасной ситуации? Это было сделано не только для того, чтобы научить Израильтян, но и всех, в том числе и нас сегодня, тому, как обрести духовную победу.

Процесс завоевания Ханаана, конечно, можно рассматривать только как борьбу разных народов за землю, но в духовном мире это еще и яростная схватка за победу между духами добра, принадлежащими Богу, и духами зла, противостоящими Богу.

«Потому что наша брань не против крови и плоти, но против начальств, против властей, против мироправителей тьмы века сего, против духов злобы поднебесной» (Посл. к Ефесянам, 6:12).

Например, когда юный Давид победил Голиафа, он сказал: *«И узнает весь этот сонм, что не мечом и копьем спасает ГОСПОДЬ, ибо это война ГОСПОДА, и Он предаст вас в руки наши»* (1-я кн. Царств, 17:47).

Давида, который был небольшого роста, нельзя было и близко поставить с огромным и сильным Голиафом, но победил Давид, потому что он был по сердцу Богу. Поскольку он уже выиграл духовную битву, он смог победить великана Голиафа просто с помощью камня, пущенного из пращи.

В битве между Израилем и Амаликом, состоявшейся после Исхода, Израильтяне одерживали победу, пока руки Моисея были подняты, а когда он опустил левую руку, начал побеждать Амалик (Исход, 17:11). Когда человек Божий, Моисей, поднимал руки и молился, Бог был с ними, и они побеждали.

В Библии много стихов, в которых говорится, что победа в битве не зависит от физической силы, но решается в духовной борьбе (Бытие, 32:24-25; Кн. пророка Даниила, 10:13).

Допустим, что женщину преследуют дома или на работе, потому что она верующая. С виду кажется, что ее действительно преследуют муж, родители или начальник, но на самом деле, это духи зла подстрекают людей, нападающих на нее.

Те, кто не знают Иисуса Христа и не приняли Его, принадлежат сатане, который управляет этим миром тьмы. Поэтому духи зла могут побуждать этих людей к негативным помыслам.

В этой ситуации, если верующая угодит Богу и примет Его силу, она получит помощь ангелов и небесного воинства. Духи зла потеряют свою силу, и отношение гонителей изменится - они просто успокоятся.

Эта битва, Иисуса Навина и сынов Израиля против Иерихона, была духовной битвой под контролем Бога. Поэтому вождь Божьего воинства пришел к Иисусу, когда тот приблизился к Иерихону.

«Иисус, находясь близ Иерихона, взглянул, и видит, и вот стоит пред ним человек, и в руке его обнаженный меч. Иисус подошел к нему и сказал ему: наш ли ты, или из неприятелей наших? Он сказал: нет; я вождь воинства ГОСПОДНЯ, теперь пришел [сюда]. Иисус пал лицем своим на землю, и поклонился, и сказал ему: что господин мой скажет рабу своему?»(Кн. Иисуса Навина, 5:13-14).

Для того чтобы выиграть такого рода духовную битву, необходимо главное – чистота сердца.

По этой причине Бог приказал им освятиться, перед тем как пересечь реку Иордан.

Вождь воинства ГОСПОДНЯ велел Иисусу снять обувь с ног (Кн. Иисуса Навина, 5:15). Это было необходимо по причине,указанной выше, то есть чтобы удалить мерзость греха и достичь освященности.

До того как Бог исполнил свое обещание и дал им землю Ханаанскую, Он заставил их обрезаться. Это было необходимо, чтобы еще раз искоренить в себе грехи и очиститься.

1-е послание Иоанна, 3:21-22, гласит: *«Возлюбленные! если сердце наше не осуждает нас, то мы имеем дерзновение к Богу, и, чего ни попросим, получим от Него, потому что соблюдаем заповеди Его и делаем благоугодное пред Ним».*

Итак, не только при завоевании Ханаана, но и в личных делах нам сначала надо обрезать свое сердце, искоренить зло из него, чтобы Бог мог явить свое деяние.

Между Израильтянами, которые только что обрезались, и жителями Иерихона царило сильнейшее напряжение, словно перед бурей.

Но Бог уже послал Свое небесное воинство на эту битву и обещал Иисусу Навину: *«Вот, Я предаю в руки твои Иерихон и царя его, [и находящихся в нем] людей сильных»* (Кн. Иисуса Навина, 6:1). То есть весь укрепленный город Иерихон уже был в Божьих руках.

«Ибо спроси у времен прежних, бывших прежде тебя, с того дня, в который сотворил Бог человека

на земле, и от края неба до края неба: бывало ли что-нибудь такое, как сие великое дело, или слыхано ли подобное сему?» (Второзаконие, 4:32).

Кто способен разделить море и проторить путь через него? Кто может остановить течение реки, открыть небесные врата и дать хлеб насущный, дать воду из скалы? Только Всемогущий Бог может творить такие дела.

Это не воображаемые вещи, не мифы, не легенды. Это неоспоримые и точные исторические факты.

Следовательно, нам надо смело шагать и трудиться для славы Божьей, без страха перед тем, что видят наши глаза, как это делали священники, вступившие в реку с ковчегом завета.

Глава 7

«Ибо ГОСПОДЬ предал вам город!»

- Завоевание Иерихона -

Книга Иисуса Навина, 6:12; 15-16

«[На другой день] Иисус встал рано поутру, и священники понесли ковчег [завета] ГОСПОДНЯ... В седьмой день встали рано, при появлении зари, и обошли таким же образом вокруг города семь раз; только в этот день обошли вокруг города семь раз. Когда в седьмой раз священники трубили трубами, Иисус сказал народу: воскликните, ибо ГОСПОДЬ предал вам город!».

Вдоль городской стены Иерихона царила смертельная тишина. Иерихон был большим городом и считался вратами в землю Ханаанскую. Это был многолюдный город, но в этот час было очень тихо.

«Иерихон заперся и был заперт от [страха] сынов Израилевых: никто не выходил [из него] и никто не входил» (Кн. Иисуса Навина,5:16).

Люди внутри города молча ожидали неизбежной битвы с Израильтянами и прислушивались к каждому звуку.

Божий способ захвата города Иерихона

Было очевидно, что жители Иерихона имели преимущества над Израильтянами. Они были за крепкими стенами, а Израильтяне - в чистом поле, без возможности отступления, так как за ними была река Иордан.

Здравый смысл подсказывал, что Израильтяне будут побеждены, но Бог сказал, что они победят. В Книге Иисуса Навина, 6:1, говорится: *«Тогда сказал ГОСПОДЬ*

Иисусу: вот, Я предаю в руки твои Иерихон и царя его, [и находящихся в нем] людей сильных».

При наличии современного вооружения городские стены не были бы проблемой. Но у них не было даже пороха. Город Иерихон был огражден внутренней и внешней стенами, такими крепкими, что поверху могли ездить колесницы. Он охранялся хорошо вооруженными воинами. Захватить его силами Израиля было просто невозможно.

В этой ситуации Бог научил их тому, что трудно понять умом. Он велел им раз в день, в течение шести дней, обходить город, а на седьмой день обойти его семь раз.

Впереди шли вооруженные люди, за ними семь священников с семью трубами из бараньих рогов, потом несли ковчег ГОСПОДА, а за этой процессией, за ковчегом, шел народ Израиля. На седьмой день, когда народ седьмой раз обходил город, священники затрубили в трубы, а весь народ Израиля закричал в едином порыве, стены города Иерихона рухнули.

Здесь, число «семь», появляющееся постоянно, есть число совершенства. Это значит, что им надо было совершенно поверить в Бога и подчиниться Ему. Бог сказал, что, когда люди закричат и священники затрубят, городская стена рухнет, что, в духовном смысле, значит - Бог желает, чтобы к Нему взывали за помощью.

«Воззови ко Мне – и Я отвечу тебе, покажу тебе

*великое и недоступное, чего ты не знаешь» (Кн.
пророка Иеремии, 33:3).*

Мы видим в Библии, что пророки и ученики Иисуса
взывали к Богу в молитвах громкими голосами. Когда
Иисус воскрешал мертвого Лазаря, Он взывал громким
голосом: «Лазарь! иди вон». И вышел умерший, обвитый
по рукам и ногам погребальными пеленами, и лицо его
было обвязано платком (От Иоанна, 11:43-44).

Иисус позвал мертвого, но результат был бы тем же,
сделай Он это громким или тихим голосом. Но, поскольку
Он молился к Живому Богу, Он взывал громким голосом.
По этой же причине, в Гефсимании, перед распятием, Он
молился так, что пот Его, как капли крови, падал на землю
(От Луки, 22:44).

Точно так же, как мы лишь тяжелым трудом можем
питаться от земли (Бытие, 3:17), так мы, усердно молясь и
взывая к Богу, быстрее получим ответ на молитву. Громко
взывать в молитве, прося что-либо у Бога, является волей
Божьей для нас.

Сыны Израиля завоевали Иерихон верой

Неужели такие столь прочные городские стены, как
стены Иерихона, могли рухнуть от человеческого крика?
Это абсолютно невозможно и непонятно для человеческого
ума. Но второе поколение Исхода было воспитано в вере,

они не выражали несогласия, не жаловались, а просто подчинялись.

Жители Иерихона видели нечто странное. Они были готовы противостоять целой армии, и весь народ Израиля, казалось, собрался с ними воевать. Но те всего лишь промаршировали вокруг города один раз и возвратились в свой стан.

На другой день – то же, Израильтяне даже не бросили в их сторону камня. Один раз обошли город и возвратились в лагерь. Они продолжали делать это шесть дней. Как, должно быть, были ошеломлены и озадачены жители Иерихона! Они ничего не понимали и были настолько растерянны от всего происходящего, что не подумали даже забросать Израильтян стрелами.

Жители Иерихона настолько были ошарашены, наблюдая, как Израильтяне смело ходят вокруг города с трубами, что даже не подумали начать атаку.

Если бы они начали военные действия, все было бы по-другому. Но они так боялись Израильтян, которые Божьей силой пересекли реку Иордан, что не могли даже сдвинуться с места. Они, наверняка, думали, что у Израильтян есть особая стратегия. Бог заставил их бояться Израильтян до такой степени, что они оставались пассивными наблюдателями этих непостижимых действий.

Однако на седьмой день эти действия изменились. Они начали обходить город с раннего утра. Они обошли его семь раз, после чего священники «трубили трубами», и

Иисус Навин дал знак.

«... Иисус сказал народу: воскликните, ибо ГОСПОДЬ предал вам город!» (Кн. Иисуса Навина, 6:15).

Когда народ начал громко восклицать, по знаку Иисуса Навина, произошло нечто воистину удивительное. Двойные городские стены, казавшиеся неприступными, вместе с воинами на них, мгновенно разрушились.

Только представьте себе это зрелище.

Разрушить городскую стену или какое-либо здание невозможно без сильного толчка или удара. Но эти двойные городские стены, толщиной 1,8 и 3,3 метра, просто рухнули, хотя к ним не прикоснулись и пальцем.

После громкого вопля, который издал народ Израиля, городские стены с грохотом рассыпались, и пыль от них застлала небо. Внутри города царил хаос. Из-под обломков стен доносились крики пострадавших, и жители и воины метались взад и вперед. Сыны Израиля смогли захватить город без всяких усилий.

В своей жизни мы можем столкнуться с проблемами, кажущимися такими же неприступными, как стены Иерихона. Волевые люди прилагают все силы для их разрешения. Но и они оказываются беспомощными перед лицом проблем, лежащих за пределами человеческих возможностей. Наконец они сдаются, огорченно сокрушаясь.

Но дети Божьи, имеющие веру, не беспокоятся. Они веруют, что то, что невозможно человеку, возможно силе Божьей. Они различают, где воля Божья, и действуют с верой. Тогда Бог решит все их проблемы так же, как Он остановил течение реки Иордан и разрушил город Иерихон.

Псалом, 19:8, гласит: *«Иные - колесницами, иные - конями, а мы именем ГОСПОДА, Бога нашего, хвалимся».* Как написано, если мы полагаемся не на мирские методы и знания, а только на Бога, и шагаем с верой, Бог будет бороться за нас и поведет нас.

Божья справедливость и завоевание Иерихона

Сыны Израиля ничего себе не взяли в этом городе. Они что-то предали огню, а что-то принесли в жертву Богу. Поскольку это было первое, что они получили в Земле Обетованной, они все отдали Богу. Так и мы, отдаем Богу первые плоды от своего дохода.

За исключением Раав, спасшей двух израильских разведчиков, и ее семьи, Израильтяне убили всех жителей и весь скот в Иерихоне. Кто-то скажет, что это жестоко - убивать жителей города, но у них была причина так поступить.

Чтобы сохранить святость Израильтян, было необходимо истребить всех людей и всех животных

Иерихона. Жители Ханаана вели греховный образ жизни. Они предавались разврату и идолопоклонству.

Если бы сыны Израиля оставили их в живых и поселились среди них, они бы неизбежно запачкались их грехами и пошли бы путем гибели. По этой причине у Бога не было иного выбора, кроме как велеть уничтожить всех жителей Иерихона.

«И истребишь все народы, которые ГОСПОДЬ, Бог твой, дает тебе; да не пощадит их глаз твой; и не служи богам их, ибо это сеть для тебя» *(Второзаконие, 7:16).*

Кто не совсем понимает эту ситуацию, могут подумать, что завоевание Ханаана есть нечто несправедливое. Ведь в той земле уже жили люди, но Бог отнял у них землю и просто передал ее Израильтянам и даже приказал им истребить всех жителей.

Но завоевание Ханаана заключалось не просто в передаче земли Израильтянам. Это был результат праведного наказания Хананеев, погрязших в грехах.

В Бытии, в 15-й главе, Бог пророчествовал Аврааму, что народ Израиля войдет в Ханаан. Они станут рабами в Египте, а потом вернутся, но это время еще не наступило, и Бог объяснил: «... *ибо [мера] беззаконий Аморреев доселе еще не наполнилась»* (ст. 16).

По справедливости Божьей, греховные деяния людей

должны достичь определенного уровня, тогда Бог вынесет приговор, и наказание будет неизбежным. Оставленный без внимания грех быстро распространяется, как заразная болезнь.

Примерами таких случаев являются наказание Содома и Гоморры огнем и серой, потоп во времена Ноя и разрушение Помпеи.

Помпеи были стерты с лица земли во время извержения вулкана. Видя то, что уцелело, понятно, что жители города были настолько морально распущены, что должны были понести наказание.

Тысячи лет назад Бог дал Моисею заповеди, запрещающие скотоложество и гомосексуальные отношения (Левит, 18:22-23; 20:13-16). Это говорит о том, что подобные вещи были уже тогда.

Библия также пишет о том, что те, кто служили Молоху, Ваалу или Астарт, наносили себе раны, сжигали своих детей, принося их в жертву, прелюбодействовали перед идолами (Исход, 34:15 Левит, 18:21, 20:5; Второзаконие, 31:16).

Хананеи были невероятно развращены и должны были ответить за это. Они были наказаны не так, как жители Содомы и Гоморры или Помпеи, - хананеев истребили сыны Израильские, народ богоизбранный. Но Божье наказание пришло не сразу. Он терпеливо ждал и давал им возможность исправиться, однако вынужден был наказать их, когда грех перешел все границы. До самого конца Он предоставлял им много возможностей измениться.

Например, во времена пророка Ионы Бог приказал ему идти в город Ниневию и провозгласить Божье наказание, чтобы они покаялись. Несмотря на то, что это была столица Ассирии, враждебного Израилю государства, когда жители Ниневии покаялись в грехах, Бог проявил милость к ним и не разрушил город.

«Щедр и милостив ГОСПОДЬ, долготерпелив и многомилостив» (Псалом, 102:8).

Бог дал жителям Иерихона много возможностей и долго терпел их, но они не покаялись. Пришло время их истребить.

Спасение Раав и ее семьи

Во всем происшедшем есть еще один эпизод, благодаря которому мы можем почувствовать милость и сострадание Бога. Блудница Раав помогла двум разведчикам осмотреть город. Услышав о делах Божьих по отношению к Израилю, она уверовала в Бога и укрыла их.

Они пообещали ей спасти ее и ее семью, когда захватят город, но при одном условии. Она должна была привязать красную веревку к окну, через которое она помогла им скрыться, и вся ее семья должна была находиться в доме. Это условие они должны были выполнить, чтобы обрести защиту в хаосе военных действий.

Нечто подобное произошло во время казней и смертей первенцев во времена Исхода. Когда все первенцы Египта были убиты, никто из израильских первенцев не пострадал. Израильтяне должны были помазать кровью агнца дверные косяки и перекладины и находиться внутри дома, чтобы Бог защитил их.

В духовном смысле, это объясняет нам принцип, по которому дети Божьи получают защиту от несчастий мира. Сегодня грехи заполнили мир, и повсюду происходят бедствия. Многие люди страдают и погибают в войнах, при землетрясениях и наводнениях, от голода и различных болезней.

Но благодаря драгоценной крови Иисуса, Божьи дети получают защиту Бога от этих несчастий. Условием является пребывание в пределах драгоценной крови Иисуса. Израильтяне помазали кровью дверные косяки и не выходили из дома; Раав и члены ее семьи должны были привязать красную веревку на окно и не выходить наружу. Подобно этому, чтобы иметь защиту, мы должны жить в Слове Божьем и не выходить за пределы Слова, то есть не дружить с миром.

В 1-м послании Иоанна, 3:24, читаем: *«И кто сохраняет заповеди Его, тот пребывает в Нем, и Он в том. А что Он пребывает в нас, узнаем по духу, который Он дал нам»*. Когда мы исполняем заповеди, Господь пребывает с нами, и мы все время можем иметь защиту.

Сегодня многие верующие все еще страдают от испытаний и несчастий, потому что не понимают этого.

> *«И сказал: если ты будешь слушаться гласа Господа, Бога твоего, и делать угодное пред очами Его, и внимать заповедям Его, и соблюдать все уставы Его, то не наведу на тебя ни одной из болезней, которые навел Я на Египет; ибо Я Господь, целитель твой» (Исход, 15:26).*

Несмотря на то, что Раав была блудницей, Бог оградил ее от наказания, потому что у нее было доброе сердце и страх Божий. Более того, из-за одной Раав могли быть спасены жизни ее родителей, братьев, сестер и родственников.

Раав была язычницей, но обрела благословение, и имя ее записано в родословной Иисуса благодаря ее вере в Бога. Бог вел добросердечных людей к спасению, даже когда Он был вынужден наказать город Иерихон за его грехи.

Пророчество Иисуса Навина о восстановлении Иерихона

Был еще один удивительный случай, связанный с Иерихоном. Иисус, по приказу Бога, уничтожил город и поклялся, что Иерихон никогда не будет восстановлен.

> *«Проклят пред ГОСПОДОМ тот, кто восставит и построит город сей Иерихон; на первенце своем он положит основание его, и на младшем своем*

поставит врата его» (Кн. Иисуса Навина, 6:25).

Бог подтвердил правоту слов Иисуса Навина, когда они исполнились через 500 лет, во времена царя Ахава.

3-я книга Царств, 16:34, говорит: *«В его дни Ахиил Вефилянин построил Иерихон: на первенце своем Авираме он положил основание его, и на младшем своем [сыне] Сегубе поставил ворота его, по слову ГОСПОДА, которое Он изрек чрез Иисуса, сына Навина».*

Люди могут забывать, их воспоминания со временем стираются, но Божье Слово остается неизменным. Бог гарантирует исполнение слов своих пророков.

Глава 8

«Преступили они завет Мой»

- Грех Ахана -

Книга Иисуса Навина, 7:10-13

❧❧❧

«ГОСПОДЬ сказал Иисусу: встань, для чего ты пал на лице твое? Израиль согрешил, и преступили они завет Мой, который Я завещал им; и взяли из заклятого, и украли, и утаили, и положили между своими вещами. За то сыны Израилевы не могли устоять пред врагами своими и обратили тыл врагам своим, ибо они подпали заклятию; не буду более с вами, если не истребите из среды вашей заклятого. Встань, освяти народ и скажи: освятитесь к утру, ибо так говорит ГОСПОДЬ, Бог Израилев: "заклятое среди тебя, Израиль; посему ты не можешь устоять пред врагами твоими, доколе не отдалишь от себя заклятого"».

Победа над Иерихоном подняла боевой дух сынов Израиля, и они двинулись в город Гай. Но в этот момент они кое-что упустили из виду. Не великие способности помогли им завоевать Иерихон, а потому что Бог был с ними.

Позже, во время нападения на Гай, им следовало полагаться не на свои личные решения, а сначала узнать волю Бога. Но поскольку Гай был маленьким городом, они подумали, что справятся собственными силами и способностями.

Поражение при Гае

Разведчики, посланные в Гай, сказали Иисусу: *«Не весь народ пусть идет, а пусть пойдет около двух тысяч или около трех тысяч человек, и поразят Гай; всего народа не утруждай туда, ибо их мало [там]»* (Кн. Иисуса Навина, 7:3). Легко покорив неприступный Иерихон, они думали, что с Гаем у них не будет проблем.

Конечно, если бы задача была трудной, подобно захвату Иерихона, они бы сначала спросили Бога, но они понадеялись, что справятся с Гаем своими силами. Здесь Иисус Навин допустил роковую ошибку.

Не пытаясь узнать Божью волю, он лично принял решение, выслушав донесение своих гонцов. Когда они пересекали Иордан и завоевывали Иерихон, они слушались Бога, а на этот раз он послушал только людей.

Услышав донесение гонцов, на битву пошли всего лишь три тысячи воинов, и Израиль потерпел жестокое поражение. Их преследовали жители Гая, и тридцать шесть воинов погибли в битве.

Они думали, что Бог с ними и они обязательно одержат победу, но понесли потери, не завоевав маленький город. Это стало для них потрясением. Исход битвы был не просто поражением, но огромной трагедией – Бог оставил их.

Книга Иисуса Навина, 7:5, рассказывает: *«Жители Гайские убили из них до тридцати шести человек, и преследовали их от ворот до Севарим, и разбили их на спуске с горы; от чего сердце народа растаяло и стало, как вода».*

Переход через реку Иордан и победа над Иерихоном еще не означали завершения завоевания Ханаана Израильтянами. В постоянных битвах, которые им предстояли, они должны были бодрствовать и принимать помощь от Бога.

Обычно, даже в этом мире, когда людям предстоит большое дело, вначале они настроены очень решительно, но, преодолев определенные трудности, расслабляются. Они становятся ленивыми или горделивыми и в конце концов терпят неудачу.

Израильтяне смогли перейти через Иордан и легко захватить хорошо укрепленный город Иерихон не потому, что были очень способными воинами, но потому, что с ними был Бог. Они забыли об этом и потерпели позорное поражение в битве за Гай.

Грех Ахана

Иисус разодрал одежды и пал лицом своим на землю перед ковчегом ГОСПОДНИМ и лежал до самого вечера, он и старейшины Израиля; и посыпали прахом головы свои. Он каялся перед Богом, беря на себя ответственность, как вождь народа.

> *«О, ГОСПОДИ! что сказать мне после того, как Израиль обратил тыл врагам своим? Хананеи и все жители земли услышат и окружат нас, и истребят имя наше с земли. И что сделаешь [тогда] имени Твоему великому?» (Кн. Иисуса Навина, 7:8-9).*

Зная, что с ними был Бог, Израиль мог смело выступать перед своими врагами, и поэтому Хананеи их боялись. Но когда они увидели их поражение в Гае, они расценили это как ясное указание на то, что Бог отвернулся от Израиля. Если бы Бог оставил Израиль, то им грозило бы полное истребление на поле битвы, в окружении врагов.

Иисус разодрал на себе одежду и умолял Бога, так как он не понимал, почему такое произошло и что ему делать. Подобно этому, если у нас проблемы дома, на работе или в бизнесе, нам следует понять, в чем наша проблема. Надо проверить себя и обнаружить, что в нас неправильного, с точки зрения Бога, и покаяться в этом.

Когда Иисус Навин, вместе со старейшинами, упал на землю перед ковчегом ГОСПОДА, Бог сообщил ему причину поражения Израиля.

Когда Бог велел Израилю принести Ему в жертву всю добычу, захваченную в Иерихоне, первом завоеванном городе, кто-то из сынов Израиля ослушался (Кн. Иисуса Навина, 7:11-12). Бог также сказал, что Он не может быть с Израилем, пока они не покончат с этой проблемой.

Бог не указал им прямо на того человека, но велел им найти его с помощью жребия.

Иисус Навин передал народу Божье приказание и велел ему освящаться. Это был запоздалый совет, так как они уже проиграли битву; но сынам Израилевым было необходимо отречься от пороков и решить проблему греховности в своей среде.

«Встань, освяти народ и скажи: освятитесь к утру, ибо так говорит ГОСПОДЬ, Бог Израилев:

"заклятое среди тебя, Израиль; посему ты не можешь устоять пред врагами твоими, доколе не отдалишь от себя заклятого"»(Кн. Иисуса Навина, 7:13).

На следующее утро, когда они бросили жребий между коленами Израиля, жребий пал на колено Иуды. Далее, в колене Иуды – на племя Зары, и семейство Завдиево. И, наконец, на Ахана, одного из членов семейства Завдия.

С одинаковой вероятностью можно ожидать, что жребий падет на того или иного человека. Если бросить жребий среди ста претендентов, вероятность будет равна один к стам. Но Бог среди миллионов людей выбрал именно согрешившего Ахана.

Притчи, 16:33, гласят: *«В полу бросается жребий, но все решение его – от ГОСПОДА».* Это не было совпадением, но действием Самого Бога. С тех пор народ Израиля часто прибегал к жребию, когда совершал что-то во имя Бога.

Именно так они распределяли уделы Ханаанской земли; жребий также бросали, чтобы решить участь Ионы, когда он, ослушавшись Божьего слова, сел на корабль, чтобы убежать в Тарсис, и попал в шторм; и когда избирали апостола на место Иуды Искариота (Кн. Иисуса Навина, 18:10; Кн. пророка Ионы, 1:7; Деяния, 1:26).

Глядя на то, как выявился грех Ахана, мы можем еще раз убедиться, что Богу все досконально известно и что Он контролирует все.

«Тогда Иисус сказал Ахану: сын мой! воздай славу ГОСПОДУ, Богу Израилеву, и сделай пред Ним исповедание и объяви мне, что ты сделал; не скрой от меня» (Кн. Иисуса Навина, 7:19).

«Между добычею увидел я одну прекрасную Сеннаарскую одежду и двести сиклей серебра и слиток золота весом в пятьдесят сиклей; это мне полюбилось и я взял это; и вот, оно спрятано в земле среди шатра моего, и серебро под ним» (Кн. Иисуса Навина, 7:21).

Ахан был обнаружен при помощи жребия по приказанию Божьему. Когда Иисус Навин попросил его сказать правду, тот не мог скрыть совершенного им и признался, что закопал украденное в землю под шатром.

Этот эпизод должен напомнить нам, что Бог оставил весь народ Израиля из-за греха одного лишь человека. В Книге Екклисиаста, 9:18, сказано: *« ... один погрешивший погубит много доброго».*

И сегодня, порой, целая организация должна нести ответственность за содеянное одним ее членом. Коррупция одного служащего кладет пятно на репутацию всех служащих. В армии целое подразделение может получить наказание в результате проступка одного человека.

Бог желал от Израиля совершенного освящения и полного послушания. За то, что ослушался один, Бог оставил весь народ.

Завоевание города Гай

Чтобы разрешить проблему, Израилю было необходимо уничтожить все следы греха и сломать стену греха, стоящую между людьми и Богом. Иисус Навин велел им отвести Ахана, вместе с присвоенными им одеждой, серебром и слитком золота, а также его семью, скот и все его имущество в долину Ахор. Израильтяне закидали его и все его имущество камнями, а потом сожгли. На его останки набросали гору камней, и с тех пор и до сего дня место называется «долина Ахор».

Можно подумать, что наказание за кражу одежды, немного серебра и золота было чересчур жестоким. Но в Исходе, в главе 22-й, мы читаем о наказании за кражу. За кражу полагалось, по закону, воздать вдвое, а за некоторые вещи – в четыре или пять раз больше украденного.

В данном случае Ахану вменялся не просто грех воровства. Он украл то, что было отделено для Бога. Это подразумевает, что он вовсе не боялся Бога, то есть употреблял имя Бога всуе и не верил в Него. Только после того как Израиль решил проблему греха, Бог подробно разъяснил им, как взять город Гай (Кн. Иисуса Навина, глава 8-я).

План действий, предложенный Богом Израилю, состоял в том, чтобы они притворились, будто бы терпят поражение и убегают в пустыню, выманивая тем самым неприятеля из города Гая. В то время как израильские воины, спрятавшиеся с другой стороны города, должны были войти в Гай, захватить и сжечь его.

Иисус последовал слову Божьему. Он спрятал в засаде часть армии, а сам повел в бой остальных солдат с северной части города. Вскоре они начали отступать. Поскольку жители Гая уже одерживали победу над ними, они беспечно оставили открытыми городские ворота и поспешили вдогонку за израильскими воинами.

В этот момент Иисус простер копье, тем самым подав сигнал, и воины, находившиеся в засаде, поднялись и легко захватили город. Израильтяне с двух сторон напали на гайских жителей и полностью их уничтожили.

Урок, преподнесенный при завоевании Гая

Мы можем усвоить несколько важных вещей на примере завоевания Израильтянами города Гая. Прежде всего, нам необходимо знать волю Божью во всем.

Вместо рассуждений: «Две-три тысячи воинов хватит для захвата маленького города», надо спросить Бога, что делать. До последнего момента завоевания Ханаана им следовало во всем и всегда со смиренными сердцами просить воли Божьей.

И мы, когда планируем что-то, сначала должны услышать голос Святого Духа и получить Его водительство, горячо молясь, искать воли Божьей.

Также, чтобы идти с Богом, нам надо отторгнуть все грехи и освятиться. Израиль потерпел поражение при Гае не потому, что жители Гая были сильными и крепкими, а потому, что из-за греха Ахана с Израильтянами не было Бога. Только после того как они устранили грех из среды Израиля, они смогли получить помощь от Бога.

Одной из самых распространенных ошибок, которую допускают люди, является то, что, стремясь выполнить дело, мы порой не ищем воли Божьей, то есть самого главного.

В 1-м послании к Фессалоникийцам, 4:3, читаем: *«Ибо воля Божия есть освящение ваше...»*. Но Израильтянам в то время казалось, что самым важным является быстрое завоевание Гая. Для Бога же самым важным было, чтобы израильтяне отступились от греха и хранили святость Божьих избранников.

Так же и сегодня. Несмотря на то, что мы много трудимся для Божьего Царства, мы постоянно должны проверять свои слова и дела, отбрасывать грех, чтобы иметь мир со всеми и достичь освящения.

Когда мы очищаем свои сердца и получаем водительство Святого Духа, чтобы подчиниться воле Божьей, только тогда мы сможем во всем пожинать добрые и щедрые плоды и прославлять Бога.

Провозглашения на горе Гаризим и на горе Гевал

Иисус Навин не только завоевывал оставшиеся земли Ханаана: вместе с народом он выстроил Богу жертвенник. Это было одно из последних желаний Моисея.

«Вот, я предлагаю вам сегодня благословение и проклятие: благословение, если послушаете заповедей ГОСПОДА, Бога вашего, которые я заповедую вам сегодня, а проклятие, если не послушаете заповедей ГОСПОДА, Бога вашего, и уклонитесь от пути, который заповедую вам сегодня, и пойдете вслед богов иных, которых вы не знаете. Когда введет тебя ГОСПОДЬ, Бог твой, в ту землю, в которую ты идешь, чтоб овладеть ею, тогда произнеси благословение на горе Гаризим, а проклятие на горе Гевал» (Второзаконие, 11:26-29).

В центре Ханаана находились две горы – Гаризим и Гевал. Моисей попросил Иисуса Навина еще раз провозгласить народу Божьи заповеди на этом месте.

После поражения, вызванного грехом Ахана, Иисус Навин, вероятно, считал необходимым еще раз научить народ Божьему Закону, который в свое время был дан им Моисеем.

Иисус Навин соорудил жертвенник, разделил Израильтян на две группы и построил их перед горой Гаризим и горой Гевал. Левиты начали громко провозглашать народу Божий Закон.

Когда они возвестили благословения, народ из колен Симеона, Левия, Иуды, Иссахара, Иосифа и Вениамина, стоявший перед горой Гаризим, воскликнул «аминь». Слова же проклятий, у горы Гевал, встретил словом «аминь» народ из колен Рувима, Гада, Асира, Зевулона, Дана и Неффалима.

Представьте, как это событие отозвалось в сердцах сынов Израиля? Миллионы людей, разделенных на две группы, слушают возвещение Божьего Закона и отвечают «аминь» на благословения и проклятия.

Тот, кто посетил эту важную церемонию, возможно, запомнил Божьи заповеди и не имел желания нарушать их «до самой смерти». Особенно после поражения при Гае они узнали, какими бывают благословения и проклятия, если проявляешь послушание или непослушание Слову Божьему.

Моисей много раз учил их Слову Божьему, и теперь Иисус Навин еще раз повторил им это. Но Бог устроил все таким образом, чтобы народ смог сохранить Закон глубоко в сердце.

Мы никогда не сможем переоценить важность Закона Божьего. Несмотря на то, что они вновь и вновь изучали Божий Закон, временами они отступались от Бога, грешили и, в результате, страдали от голода, войн и давления со стороны других стран. Во время невзгод они каялись, искали Бога, но когда обретали мир, они опять нарушали Закон.

Если, разрешив свои проблемы, мы опять будем грешить, Библия говорит, что мы будем страдать еще больше. Исцелив паралитика, Иисус Христос велел ему больше не грешить (От Иоанна, 5:14). 2-е послание Петра, 2:20, также говорит: «*Ибо, если, избегши скверн мира чрез познание Господа и Спасителя нашего Иисуса Христа, опять запутываются в них и побеждаются [ими], то последнее бывает для таковых хуже первого*».

Бог желает, чтобы Его дети веровали не насильно, только чтобы избежать страданий и несчастий. Он желает истинных детей, понимающих Его сердце, хранящих заповеди с радостью и благодарностью, освящающих себя и уподобляющихся Самому Богу.

Глава 9

Солнце и луна остановились

- Победа в битве при Гаваоне -

Книга Иисуса Навина, 10:12-14

«Иисус воззвал к ГОСПОДУ в тот день, в который предал ГОСПОДЬ Аморрея в руки Израилю, когда побил их в Гаваоне, и они побиты были пред лицем сынов Израилевых, и сказал пред Израильтянами: стой, солнце, над Гаваоном, и луна, над долиною Аиалонскою! И остановилось солнце, и луна стояла, доколе народ мстил врагам своим. Не это ли написано в книге Праведного: "стояло солнце среди неба и не спешило к западу почти целый день "? И не было такого дня ни прежде ни после того, в который ГОСПОДЬ [так] слышал бы глас человеческий. Ибо ГОСПОДЬ сражался за Израиля».

В то время, когда Израиль входил в землю Ханаанскую, там уже располагались семь основных племен. Это были Хананеи, Хеттеи, Евеи, Ферезеи, Гергесеи, Аморреи и Иевусеи.

Гергесеи были сравнительно слабы, и позже они ассимилировались с другими племенами. Поэтому иногда Библия упоминает только шесть племен, не учитывая Гергесеев. Кроме того, в земле Ханаанской жили Филистимляне, Амаликитяне и Кенеи.

Когда был завоеван город Гай, находившийся в центральной части Ханаана, различные народы, населявшие те места, испугались и начали искать выхода из создавшейся ситуации. Хеттеи, Аморреи, Хананеи, Евеи и Иевусеи объединились для того, чтобы дать отпор народу Израиля.

Но одно племя использовало иной метод.

Ложь Гаваона для заключения мирного договора

Однажды группа неизвестных людей пришла в лагерь Израильтян с просьбой о заключении мирного договора.

Племена, населявшие Ханаан

Евеи

Сидоняне

Хеттеи

Гергесеи

Галилейское море

Хананеи

Аморреи

Ферезеи

Евеи

Аммонитяне

Филистимляне

Мертвое море

Хеттеи

Аморреи

Моавитяне

Кенеи

Идумеи

Израильтяне с осторожностью спросили их:

«Израильтяне же сказали Евеям: может быть, вы живете близ нас? как нам заключить с вами союз?» (Кн. Иисуса Навина, 9:7).

Те ответили, что пришли издалека договориться о мире, услышав о славе ГОСПОДА Бога, о том, что Он совершил в Египте и как Он помог Израильтянам завоевать племена Ханаана. Евеи из Гаваона решили обманным путем заключить с Израилем мирный договор, вместо того чтобы сражаться с ними.

В то время Евеи жили в двух районах: около горы Ермон - на севере, и в центральной части земли Ханаанской - у Гаваона. Евеи, которые пришли для заключения мирного договора, были родом из Гаваона. По этой причине Библия иногда называет Евеев народом Гаваона.

Фактически, Бог приказал народу Израиля не заключать договоров с народами Ханаана, не выказывая никому предпочтения.

«Когда введет тебя ГОСПОДЬ, Бог твой, в землю, в которую ты идешь, чтоб овладеть ею, и изгонит от лица твоего многочисленные народы, Хеттеев, Гергесеев, Аморреев, Хананеев, Ферезеев, Евеев и Иевусеев, семь народов, которые многочисленнее и сильнее тебя, и предаст их тебе ГОСПОДЬ, Бог

твой, и поразишь их, тогда предай их заклятию, не вступай с ними в союз и не щади их» (Второзаконие, 7:1-2).

Бог не велел им заключать союзы с жителями Ханаана, поскольку это могло привести к смешению с этими народами и грехам, которые те имели. Как было сказано, в Ханаане и соседних землях люди сжигали детей, безжалостно принося их в жертву своим богам, и занимались проституцией.

Но Бог разрешал договоры с народами, проживавшими вдали от Израиля, если те желали мира и хотели служить им.

Люди, пришедшие к Иисусу Навину, сказали, что они издалека. На них была обветшавшая одежда и обувь, а с собой у них были лишь засохший хлеб и изорванные винные мехи.

«Этот хлеб наш из домов наших мы взяли теплый в тот день, когда пошли к вам; а теперь вот, он сделался сухой и заплесневелый. И эти мехи с вином, которые мы налили новые, вот, изорвались; и эта одежда наша и обувь наша обветшала от весьма дальней дороги» (Кн. Иисуса Навина, 9:12-13).

Поэтому Иисус заключил с ними мирный договор, не спросив Бога и тщательно не изучив ситуацию.

«Израильтяне взяли их хлеба, а ГОСПОДА не вопросили. И заключил Иисус с ними мир и постановил с ними условие в том, что он сохранит им жизнь; и поклялись им начальники общества» (Кн. Иисуса Навина, 9:14-15).

Была допущена та же ошибка, что и при атаке на Гай, когда они решили действовать, не спрашивая воли Божьей. Гаваон был недалеко от Израильского стана в Гилгале. Заплесневелый хлеб и ветхая одежда были лукавой маскировкой. Через три дня Израильтяне узнали правду, что эти люди были Евеями из Гаваона. Но это было уже после заключения договора.

По условию договора, им пришлось отдать Евеям землю Гаваон, которую они должны были завоевать. И хотя эти люди их обманули, Израильтяне не могли отменить клятву, которую дали перед Богом.

«Иисус призвал их и сказал: для чего вы обманули нас, сказав: "мы весьма далеко от вас", тогда как вы живете близ нас?» (Кн. Иисуса Навина, 9:22).

«Они в ответ Иисусу сказали: дошло до сведения рабов твоих, что ГОСПОДЬ, Бог твой, повелел Моисею, рабу Своему, дать вам всю землю и погубить всех жителей сей земли пред лицем вашим; посему мы весьма боялись, чтобы вы не

лишили нас жизни, и сделали это дело» (Кн. Иисуса Навина, 9:24).

Поскольку Израильтяне уже принесли клятву перед Богом, они разрешили им жить там. Но Иисус Навин велел им быть дровосеками и водоносами для жертвенника ГОСПОДУ (Кн. Иисуса Навина, 9:27).

Кто-то скажет, что Израиль мог упразднить тот договор, поскольку народ Гаваона обманул их. Но любую клятву, данную Богу, надо выполнять в любом случае.

Так, как если мы кому-то что-то обещаем. Даже если обещание и невыгодно или даже вредно для нас, мы должны его сдержать. Если другой человек смошенничал или обманул нас, то получается, что мы допустили этот обман, а значит, мы не должны нарушать обещания.

Урок, который необходимо извлечь из случая в Гаваоне

Случай в Гаваоне поучителен: что бы мы ни делали, в первую очередь, важно осознать волю Божью, а потом ей следовать.

Хоть и не намеренно, но все же вследствие подписания мирного договора с народом Гаваона, Израильтяне нарушили повеление Божье, запрещавшее заключать договоры с народами Ханаана. Если бы они только попросили Божьего совета, они бы не допустили такой ошибки.

В жизни, в деловых отношениях, при заключении контрактов, кто-то может попытаться нас обмануть. Мы не должны позволять людям нас обманывать просто потому, что в Библии сказано: «... *ищи ... пользы другого*» (1-е посл. к Коринфянам, 10:24).

Искать пользы и благ для других по доброте своей - это одно, но давать другим обманом добиваться привилегий за наш счет - это совсем другое. Если мы просто посмотрим на очевидные факты, мы можем не заметить лживых намерений других людей и дать себя обмануть. Если мы будем думать только о выгоде, которую мы получим, то мы можем поверить лжи других людей.

Поэтому крайне важно различать волю Божью, спрашивая Его совета и горячо молясь. Если в сердце только благость и нет никакой жадности, то мы получим водительство Святого Духа. Мы обретем мудрость Божью, и, даже если другой человек попробует нас обмануть, Святой Дух даст нам это понять и научит нас избегать этого.

Далее, нам надо понять важность слов, исходящих с наших уст.

Из-за этого случая в Гаваоне, через несколько столетий после заключения договора, Израилю пришлось пережить несчастье. Случился голод, длившийся три года. Бог ответил на молитвы Давида об этом, сказав, что голод у них из-за того, что Израиль нарушил договор с народом Гаваона.

Саул, первый царь Израиля, попытался уничтожить весь народ Гаваона, нарушив этим завет, заключенный с ними Иисусом Навином. В результате был голод по всему Израилю. Голод прекратился после того, как они убили семь потомков Саула, как того просил народ Гаваона.

В Книге Судей, в 11-й главе, рассказывается еще об одном человеке, который словами, сорвавшимися с его языка, накликал на себя трагедию. Это – Иеффай. Перед тем как сразиться с Аммонитянами, он поклялся, что, если Бог даст ему победу, он, по возвращению домой, принесет в жертву всесожжения того, кто первым выйдет из ворот его дома.

Бог не принимает в жертву всесожжения человека, и Он не велел Иеффаю приносить жертву всесожжения. Но перед великим сражением Иеффай поклялся такой клятвой и одержал победу над Аммонитянами.

Вернувшись домой с победой, он увидел, что из ворот его дома выходит навстречу ему его единственная дочь. Она вышла с тимпанами, танцуя.

«Когда он увидел ее, разодрал одежду свою и сказал: ах, дочь моя! ты сразила меня; и ты в числе нарушителей покоя моего! я отверз [о тебе] уста мои пред ГОСПОДОМ и не могу отречься» (Кн. Судей, 11:35).

Ни дочь, никто другой не пожелал бы умереть такой смертью. Но Иеффай беспечно поклялся пожертвовать человеческой жизнью, чтобы получить победу. И ему пришлось принести в жертву свою единственную дочь.

Если бы он не сдержал клятву и не принес в жертву дочь, он бы подвергся еще большим несчастьям и бедствиям, чем потеря дочери, из-за обвинений сатаны. Сила слова настолько велика, что во власти этой силы находятся даже смерть и жизнь (Притчи, 18:21).

Нам следует всегда быть осторожными в своих словах, чтобы ничего из сказанного нами не вызвало обвинений сатаны. Нам следует отбросить все необдуманные слова, беспечные клятвы, слова осуждения и обвинения. Давайте произносить только слова истины и благости, угодные Богу.

Сражения на юге Ханаана

Гаваон был царским городом, где велась активная жизнь. И этот город добился мирного договора с Израильтянами, чтобы уцелеть. Эта новость повергла в шок и ужас народ земли Ханаанской: поскольку Гаваон не будет противостоять Израилю, его армия продвинется еще быстрее.

Пять царей Аморрейских, чьи царства были вокруг Гаваона, объединились в союз и атаковали Гаваон, поскольку в их глазах тот был предателем. Гаваон не мог справиться с объединенными силами противника и

Завоевание Ханаана Иисусом Навиным

Дамаск

Сидон

Сарепта

гора Ермон

Тир

Дан

Мером

Асор

Астароф

Асхаф

Галилейское море

Шимрон

Великое море
(Средиземное море)

гора Кармил

Аэндор

Едреи

Дор

Мегиддон

Рамоф-Галаад

Изреель

Дофан

гора Гевал

Сихем

Сокхоф

гора Гаризим

Аммон

Вефиль

Вефорон

Геф

Гай

Иерихон

Гаваон

Галгал

Циддим

Екрон

Есевон

Иерусалим

Ливна

Вифлеем

Mount Nebo

Лахис

Азек

Газа

Хеврон

Мертвое море

Ароер

Давир

Моав

Едом

попросил помощи у Израильтян.

«Приди к нам скорее, спаси нас и подай нам помощь;
ибо собрались против нас все цари Аморрейские,
живущие на горах» (Кн. Иисуса Навина, 10:6).

Кризис - это для одних, а для других – это новые
возможности. Объединенные силы Аморреев могли стать
проблемой для Израиля, или же великой возможностью.
Атаковать города Ханаана по одному было долго,
но уничтожение объединенной армии означало бы
одновременную победу над многими.

«И сказал ГОСПОДЬ Иисусу: не бойся их, ибо Я
предал их в руки твои: никто из них не устоит
пред лицем твоим» (Кн. Иисуса Навина, 10:8).

Когда Гаваон попросил о помощи, Бог пообещал
Израилю быть с ним. Они совершили ночной марш-бросок
и внезапно напали на царей Аморреи. Объединенная
армия Аморреев не сумела дать отпор и была повержена.
Они начали разбегаться с поля боя, а Израильтяне их
преследовали.

В этот момент Бог совершил для Израильтян нечто
удивительное. Когда Аммореи убегали из Гаваона по дороге
к возвышенности Веферона, с небес на них начали падать
большие камни.

Падая с неба, они ускоряются под действием силы земного притяжения и, благодаря крупному размеру, обладают большой разрушительной силой. Они способны не только убить человека, но и разрушить здания.

«Когда же они бежали от Израильтян по скату горы Вефоронской, ГОСПОДЬ бросал на них с небес большие камни до самого Азека, и они умирали; больше было тех, которые умерли от камней града, нежели тех, которых умертвили сыны Израилевы мечом» (Кн. Иисуса Навина, 10:11).

Это, само по себе, было удивительно, но они не могли позволить себе остановиться. Они гнались за оставшейся армией неприятеля. Тем же, с наступлением ночи, было бы легче скрыться, и поэтому битву надо было завершить до заката солнца.

Чудо остановки солнца и луны

Смеркалось, и они могли видеть луну на востоке. Чтобы исполнить Божье повеление, Иисус продемонстрировал великую веру.

«Иисус воззвал к ГОСПОДУ в тот день, в который предал ГОСПОДЬ Аморрея в руки Израилю, когда побил их в Гаваоне, и они побиты были пред лицем

сынов Израилевых, и сказал пред Израильтянами: стой, солнце, над Гаваоном, и луна, над долиною Аиалонскою!» (Кн. Иисуса Навина, 10:12).

Какой царь земной может управлять солнцем и луной? Аморреи не только не могли управлять светилами, но служили солнцу и луне как своим богам и поклонялись им!

А Иисус, полагаясь на Бога, который контролирует все, приказал солнцу и луне остановиться, и Бог одобрил его слово.

«И остановилось солнце, и луна стояла, доколе народ мстил врагам своим. Не это ли написано в книге Праведного: "стояло солнце среди неба и не спешило к западу почти целый день"?» (Кн. Иисуса Навина, 10:13).

Человеческое знание утверждает, что солнце и луна не могут остановиться, но нет ничего невозможного для силы Всемогущего Бога.

Иисус сказал Своим учениками в Евангелии от Матфея (17:20): *«По неверию вашему; ибо истинно говорю вам: если вы будете иметь веру с горчичное зерно и скажете горе сей: "перейди отсюда туда", и она перейдет; и ничего не будет невозможного для вас».*

Конечно, Бог не двигает горы или солнце и луну в любое время, как Он пожелает. Он не может нарушать естественные законы и порядок Вселенной, которые сотворены Им и находятся в совершенной гармонии.

Но, во исполнение Божьего плана и если Его дети демонстрируют духовную веру, Бог может совершить дела и более великие, нежели остановка солнца и луны.

Об этой битве в Книге Иисуса Навина, 10:14, сказано: *«И не было такого дня ни прежде ни после того, в который ГОСПОДЬ [так] слышал бы глас человеческий. Ибо ГОСПОДЬ сражался за Израиля».*

Иисус Навин и Израильтяне очень быстро завоевали Макед, Ливну, Лахис, Еглон, Хеврон и Давир, которые находились к югу от Ханаана.

«Поразил их Иисус от Кадес-Варни до Газы, и всю землю Гошен даже до Гаваона. И всех царей сих и земли их Иисус взял одним разом, ибо ГОСПОДЬ, Бог Израилев, сражался за Израиля» (Кн. Иисуса Навина, 10:41-42).

Когда Иисус Навин поступал по своему рассуждению, руководствуясь своими теориями, он обманывался и допускал ошибки. Но когда он просил совета у Бога и слушался Его воли, то мог даже совершить чудо - остановить солнце и луну.

Так и мы, если будем полагаться только на Всемогущего Бога и идти с верой, решительно ее исповедуя, то сможем прийти к победе. Как нам обещано в Евангелии от Марка

(9:23): *«Если сколько-нибудь можешь веровать, все возможно верующему».* Это значит, что с нами могут происходить невообразимые вещи.

Я надеюсь, что мы вооружимся молитвой и Словом, чтобы отличить волю Божью, подчиниться ей, дабы прославить Бога.

Глава 10

«Дай мне сию гору»

- Молитва Халева -

Книга Иисуса Навина, 14:10-12

ഹൊ൧ങ

«Итак вот, ГОСПОДЬ сохранил меня в живых, как Он говорил; уже сорок пять лет [прошло] от того времени, когда ГОСПОДЬ сказал Моисею слово сие, и Израиль ходил по пустыне; теперь, вот, мне восемьдесят пять лет. Но и ныне я столько же крепок, как и тогда, когда посылал меня Моисей: сколько тогда было у меня силы, столько и теперь есть для того, чтобы воевать и выходить и входить. Итак дай мне сию гору, о которой говорил ГОСПОДЬ в тот день; ибо ты слышал в тот день, что там [живут] сыны Енаковы, и города [у них] большие и укрепленные; может быть, ГОСПОДЬ [будет] со мною, и я изгоню их, как говорил ГОСПОДЬ».

Проходя через многие испытания, Иисус и сыновья Израиля укреплялись в вере и продолжали завоевывать землю Ханаанскую. После битв в центральной части земли, включая Иерихон, они победили объединенную армию царей на юге. Но им предстояли еще многие войны.

Весть, что Израиль с помощью силы Божьей завоевал южную часть Ханаана, быстро донеслась до народов на севере. Как, должно быть, удивлялись жители Ханаана!

Они осознали, что необходимо объединиться, чтобы противостоять Израилю. Среди вождей был царь Асорский - Иавин. Асор был одним из самых укрепленных городов. Царь отправил своих посланников в соседние страны и создал союз против Израиля.

Битвы на севере Ханаана

«... Иавин, царь Асорский, послал к Иоваву, царю Мадонскому, и к царю Шимронскому, и к царю Ахсафскому, и к царям, которые [жили] к северу на горе и на равнине с южной стороны Хиннарофа, и на низменных местах, и в Нафоф-Доре к западу,

*к Хананеям, [которые жили] к восток и к морю,
к Аморреям и Хеттеям, к Ферезеям и к Иевусеям,
[жившим] на горе, и к Евеям, [жившим] подле
Ермона в земле Массифе» (Кн. Иисуса Навина,
11:1-3).*

Когда собрались войска, воинов было так много, как
песка на берегу. У армий на вооружении были кони и
колесницы. Народ Израиля долгое время ходил по пустыне
и уже участвовал во многих битвах. Им пришлось в
одиночку выступить против армии союзников. Наверное,
им было бы страшно, если бы они полагались только на
себя и свои силы.

Но в этот раз Бог опять пообещал им победу и
вдохновил Иисуса Навина.

*«Но ГОСПОДЬ сказал Иисусу: не бойся их, ибо
завтра, около сего времени, Я предам всех [их] на
избиение [сынам] Израиля; коням же их перережь
жилы и колесницы их сожги огнем» (Кн. Иисуса
Навина, 11:6).*

Поскольку победа им была обещана, Иисус и воины
народа Израиля без промедления, сразу же, как услышали
слово Бога, нанесли неожиданный удар. Если бы
Израильтяне заколебались при виде реальности, они не
смогли бы выступить с такой смелостью.

Союзная армия расположилась возле воды, и, хотя они были убеждены в своем военном превосходстве, они оказались в замешательстве. Израильтян было меньше числом, но, так как с ними был Бог, никто не мог с ними сравниться. Израиль наголову разбил их, не оставив никого в живых. Как и приказал Бог, они перерезали подколенные сухожилия у коней и сожгли колесницы.

Они сожгли также великий город Асор, служивший командным пунктом союзной армии, чтобы показать им, что это было Божьей карой для них. Потом, по очереди, они покорили остальные города. Так они завершили еще одну великую битву.

Продолжая одерживать победы в центре и на юге Ханаана, они двинулись покорять северные районы, и это стало завершением эпопеи - завоевания Ханаана. Наступил момент, когда Израиль взял землю Ханаанскую, которую Бог им пообещал.

«Таким образом взял Иисус всю землю, как говорил ГОСПОДЬ Моисею, и отдал ее Иисус в удел Израильтянам, по разделению между коленами их. И успокоилась земля от войны» (Кн. Иисуса Навина, 11:23).

Завершение Божьего обетования по поводу Ханаана

Потребовалось много времени, чтобы этот день наступил. Бог пообещал Аврааму, что даст ему Ханаан. Прошли сотни лет, и во времена Моисея, наконец, появился проблеск исполнения обетования. За Исходом последовали долгие сорок лет странствий по пустыне и семь лет изнурительных войн под предводительством Иисуса Навина, после чего обетование полностью исполнилось.

Бог пообещал им землю, в которой текут молоко и мед, но с условием. Лишь верующие и исполняющие заповеди могли получить благословение - Божье обетование об этой земле.

Например, в Исходе, 15:26, сказано: *«И сказал: если ты будешь слушаться гласа ГОСПОДА, Бога твоего, и делать угодное пред очами Его, и внимать заповедям Его, и соблюдать все уставы Его, то не наведу на тебя ни одной из болезней, которые навел Я на Египет, ибо Я Господь, целитель твой».*

Мы должны внимать голосу ГОСПОДА Бога, поступать праведно в Его очах, слушать Его заповеди и исполнять все Его повеления во избежание каких-либо напастей. Человек должен достичь определенной меры веры, чтобы выполнить все условия для получения Божьего обетования.

Чтобы войти в Ханаан, сыны Израилевы должны были обладать верой, и, чтобы они смогли выполнить эти условия, Бог являл им бесчисленное число знамений и чудес.

Тем не менее, первое поколение Исхода не имело веры, и все они, кроме Иисуса Навина и Халева, умерли в пустыне. Исполнение Божьего обетования было отложено.

Второе поколение Исхода было другим. Их вера в Бога была крепкой, они подчинялись Ему и Иисусу Навину. И они смогли войти в землю, где текли молоко и мед.

«Как повелел ГОСПОДЬ Моисею, рабу Своему, так Моисей заповедал Иисусу, а Иисус так и сделал: не отступил ни от одного слова во всем, что повелел ГОСПОДЬ Моисею» (Кн. Иисуса Навина, 11:15).

Иисус Навин был преемником Моисея. Он проявил абсолютную веру и полное послушание Богу. И сыны Израиля следовали за Иисусом, чтобы Божье обетование было исполнено.

Завоевание земли каждым из колен

Но завоевание Ханаана не означало, что их миссия завершилась. Израиль одолел Ханаан лишь в общем, но еще не все народы этой земли были уничтожены. Им все еще предстояло изгонять уцелевшие племена в разных частях земли, и им предстояло осесть на этой земле, чтобы сделать ее своей.

Исследуя историю, мы видим, что завоевание другой страны еще не означает, что все сражения завершены и установлен мир. Часто в разных уголках страны все еще остаются те, кто желает вернуть свою землю.

Иисус Навин состарился, а земель, которые надо было завоевывать, оставалось еще много, и Бог изменил направление битв.

Бог приказал ему распределить землю - и ту, что уже была завоевана, и ту, что еще предстояло взять силой, - среди колен Израиля. До сей поры, все колена Израиля сражались вместе, но теперь каждое колено должно было завоевывать выделенную ему территорию.

Теперь освоение земли стало зависеть от веры каждого колена Израиля в отдельности. Результаты должны были быть разными, в зависимости от меры их духовной веры и от того, насколько послушны они воле Бога.

В этот момент один человек встал и попросил право на землю, прежде остальных колен. Это был Халев, сын Иефонниин.

Вера и молитва Халева

После Исхода из Египта, Израильтяне выслали двенадцать разведчиков в Кадес-Варни осмотреть Ханаан. Но только двое из них принесли известие с верой.

Первое поколение Исхода стало свидетелем стольких великих дел Божьей силы. Но из-за того что отчет десяти разведчиков был очень негативным, они возроптали на Бога. Они все умерли в пустыне, и только два человека смогли войти в Землю Обетованную.

Одним из них был Иисус Навин, вождь второго поколения Исхода, вторым – Халев.

«Но раба Моего, Халева, за то, что в нем был иной дух, и он совершенно повиновался Мне, введу в землю, в которую он ходил, и семя его наследует ее» (Числа, 14:24).

Халев, за эти сорок лет странствования по пустыне вместе с остальными сынами Израиля, не забыл данного ему Богом обещания. Он помнил об этом и в течение семи лет, сражаясь в битвах за Ханаан.

Кто-то со временем забывает обещания, но Халев не забыл Божьего обещания. Он молился об этом более сорока лет.

И когда пришло время распределения земель Ханаана, он напомнил о Божьем обещании, которое Тот дал ему, и попросил Иисуса дать ему ту самую землю.

Халев просил не потому, что хотел что-то получить, благодаря своим прошлым заслугам. Он не говорил, что претендует на что-то, потому что был одним из вождей Израиля вместе с Иисусом Навиным и его действия в войнах и сражениях заслуживали наград.

Это было, скорее, исповеданием веры, которая еще более укрепилась за сорок лет испытаний. Это было выражением его преданности тому, чему он себя посвятил.

Пещера Махпела, где были похоронены Авраам, Сара, Исаак и Иаков, находилась в земле Хеврон, которую попросил Халев. Это было важное для Израильтян место. Земля, которую осматривали двенадцать разведчиков. И она была все еще занята Енакой, с которым им предстояло сразиться.

Енака был сильным народом. Именно об этом племени разведчики говорили следующее: *Там видели мы и исполинов, сынов Енаковых, от исполинского рода; и мы были в глазах наших [пред ними], как саранча, такими же были мы и в глазах их»* (Числа, 13:34). Халев не просил землю, уже завоеванную и безопасную. Он просил землю Хеврон, обещанную ему Богом, несмотря на то, что там его опять ждали тяготы и лишения войны.

«Итак, вот, ГОСПОДЬ сохранил меня в живых, как Он говорил; уже сорок пять лет [прошло] от того времени, когда ГОСПОДЬ сказал Моисею слово сие, и Израиль ходил по пустыне; теперь, вот, мне восемьдесят пять лет. Но и ныне я столько же крепок, как и тогда, когда посылал меня Моисей; сколько тогда было у меня силы, столько и теперь есть для того, чтобы воевать

и выходить и входить. Итак дай мне сию гору,
о которой говорил ГОСПОДЬ в тот день; ибо
ты слышал в тот день, что там [живут] сыны
Енаковы, и города [у них] большие и укрепленные;
может быть, ГОСПОДЬ [будет] со мною, и я
изгоню их, как говорил ГОСПОДЬ» (Кн. Иисуса
Навина, 14:10-12).

Когда его избрали разведчиком и он ступил на
благословенную землю виноградников, смоковниц,
гранатовых деревьев, простиравшихся до горизонта,
сердце его отреагировало на это не как у других. Он не мог
сдержать своего праведного негодования, услышав отчеты о
Кадес-Варни других разведчиков. Он восклицал: «Почему
вы противитесь Богу! Бог с нами!», - он плакал и рвал на
себе одежду, но его не слышали из-за ропота народа.

Ему пришлось долго страдать из-за непослушания Богу
других людей, но все это время он хранил в своем сердце
образы земли, где текли молоко и мед. Он состарился, но
в течение сорока лет хранил в сердце Божье обещание.
Поэтому он захотел получить Хеврон, землю гористую,
трудную для завоевания, чтобы облегчить бремя Иисуса
Навина.

Что чувствовал Иисус в тот момент? Халев был его
великим соратником и другом в вере. Он был с ним с
Исхода. Сейчас он также был одним из старейшин Израиля
и заслужил уважение и награды. Поэтому, когда Иисус

услышал просьбу Халева пойти в горные земли, хотя туда даже молодые воины не хотели идти, может быть, он усомнился: позволить ли ему это.

С другой стороны, его, наверное, тронуло отношение Халева, старавшегося исполнить Божье слово, взяв на себя эту участь. Иисус Навин понимал Халева лучше других, и, как и обещал Бог, он дал ему Хеврон. Халев победил сильного Енака и овладел плодородной землей, передаваемой с тех пор из поколения в поколение. Таким образом он подал пример веры всему народу Израиля. Так, с Халева, началось распределение земли.

Глава 11

«Он будет твой»

- Раздел земель Ханаана -

Книга Иисуса Навина, 17:15-18

ೡ෨෯ఐ

«Иисус сказал им: если ты многолюден,
то пойди в леса и там, в земле Ферезеев и
Рефаимов, расчисть себе [место], если гора
Ефремова для тебя тесна. Сыны Иосифа
сказали: не останется за нами гора, потому
что железные колесницы у всех Хананеев,
живущих на долине, как у тех, которые в
Беф-Сане и в зависящих от него местах, так
и у тех, которые на долине Изреельской.
Но Иисус сказал дому Иосифову, Ефрему
и Манассии: ты многолюден и сила у тебя
велика; не один жребий будет у тебя; и гора
будет твоею, и лес сей; ты расчистишь его,
и он будет твой до самого конца его; ибо ты
изгонишь Хананеев, хотя у них колесницы
железные, и хотя они сильны».

Для Израильтян раздел земли и распределение уделов имели очень важное значение. Они 400 лет страдали в египетском рабстве, сорок лет странствовали по пустыне, а потом семь лет вели кровопролитные войны. Теперь, после всех испытаний, они получали плоды. Они обрели родину, где они и их семьи могли жить в мире.

Исключения при распределении уделов

Все колена Израиля, за небольшим исключением, предстали пред Богом, чтобы получить землю на западном берегу Иордана.

Во-первых, Рувин, Гад и половина колена Манассии уже получили свои уделы до того, как пересекли Иордан. Земля к востоку от Иордана была хороша для скотоводства, и они попросили Моисея отдать им эти земли.

Конечно, они пообещали, что будут участвовать в завоевании остальной земли Ханаана - к западу от Иордана. Они поклялись, что будут сражаться в первых рядах и не вернутся домой до тех пор, пока все колена Израиля не получат свои уделы.

«И сказали: если мы нашли благоволение в глазах твоих, отдай землю сию рабам твоим во владение; не переводи нас чрез Иордан» (Числа, 32:5).

«Сами же мы первые вооружимся и пойдем пред сынами Израилевыми, доколе не приведем их в места их; а дети наши пусть останутся в укрепленных городах, [для безопасности] от жителей земли. Не возвратимся в домы наши, доколе не вступят сыны Израилевы каждый в удел свой» (Числа, 32:17-18).

Оставив семьи, скот и имущество на восточном берегу Иордана, мужчины могли сражаться на другом берегу реки вместе с остальными сыновьями Израиля до победного конца. Только когда военные действия закончились, они вернулись в свои уделы на восточном берегу Иордана.

Левиты, одно из двенадцати колен, не получили землю в удел, так как были священниками Бога. Благодаря Божьим благословениям, колено Иосифа преуспело больше других колен. Потомки двух сыновей Иосифа, Ефрем и Манассия, получили соответствующие личные уделы.

Итак, Левиты были исключены из распределения, два с половиной колена получили уделы на территории восточного берега Иордана, а девять с половиной колен получили уделы на западном берегу Иордана. Метод деления и раздачи земли Бог уже объяснил Моисею.

«Кто многочисленнее, тем дай удел более; а кто малочисленнее, тем дай удел менее: каждому должно дать удел соразмерно с числом вошедших в исчисление. По жребию должно разделить землю; по именам колен отцов их должны они получить уделы» (Числа, 26:54-55).

Площадь земли для каждого колена рассчитывалась из числа людей в колене, а конкретное место надела решал жребий. Это был честнейший метод, не дававший возможности коленам конфликтовать. Жребий предоставлял всем равную возможность получения лучшей земли.

Все сыны Израиля верили, что результат жребия не является случайным, но есть проявление воли Бога (Притчи, 16:33). Когда Ахан совершил грех, его нашли по жребию среди более двух миллионов человек.

Жалобы и неверие колена Иосифа

Во время распределения земли по жребию, возникла проблема. Колено Иосифа потребовало большего надела земли, так как по благословению Божьему они стали двумя коленами.

Распределение земли между двенадцатью коленами Израиля

Асир

Манассия

Неффалим

Галилейское
море

Завулон

Иссахар

Манассия

Гад

Ефрем

Дан

Вениамин

Рувим

Мёртвое море

Иуда

Симеон

«Сыны Иосифа говорили Иисусу и сказали: почему ты дал мне в удел один жребий и один участок, тогда как я многолюден, потому что так благословил меня Господь?» (Кн. Иисуса Навина, 17:14).

Удел, который им выделили, был немалым по сравнению с другими коленами. Это был обширный участок плодородной земли в центре Ханаана. Но они роптали и требовали большего удела, чем имели.

«Иисус сказал им: если ты многолюден, то пойди в леса и там, в земле Ферезеев и Рефаимов, расчисти себе [место], если гора Ефремова для тебя тесна» (Кн. Иисуса Навина, 17:15).

То есть он объяснил им, что, если им не хватает места для их угодий, они всегда могут расчистить себе незанятую территорию, которая им необходима.

Но сыновья Иосифа опять не послушались. Они сказали, что, даже если они расчистят лес, их удел все равно будет слишком мал для них. Они требовали больше хорошей земли. Они желали получить ее, не вкладывая труда. Они также желали, чтобы им другие служили, так как они стали огромным коленом.

Поскольку Бог благословил их стать многочисленным коленом, они должны были вести за собой другие колена.

Что и сделал Халев, завоевывая земли, которые было трудно покорить. Но, вопреки всему, они лишь роптали и не предпринимали никаких действий.

«Сыны Иосифа сказали: не останется за нами гора, потому что железные колесницы у всех Хананеев, живущих на долине, как у тех, которые в Беф-Сане и в зависящих от него местах, так и у тех, которые на долине Изреельской» (Кн. Иисуса Навина, 17:16).

Они даже проявили очевидное маловерие, сказав, что люди, жившие на земле, которую им предстояло завоевать, имели железные колесницы. Они забыли причину всех испытаний сорокалетнего странствия.

Завоевание территорий под предводительством Иисуса Навина было серией чудес. Они были несравнимо слабее своих врагов, но они победили их силой Божьей. Несмотря на железные колесницы, несмотря на все вооружение неприятеля, им не нужно было бояться, если они веровали во Всемогущего Бога.

Они выказывали послушание во всякого рода опасных ситуациях, но вдруг испугались, когда Иисус предложил им самим воевать за свой удел.

Иисус продолжал просить их проявить свою веру, указывая им на их заблуждения. Он советовал им получить Божье благословение на расширение своего надела, показав тем самым веру.

Но сыновья Иосифа не послушались Иисуса Навина. Они не смогли полностью изгнать со своего надела Хананеев (Кн. Иисуса Навина, 16:10; 17:12-13). В результате им пришлось постоянно страдать.

Как только Израиль ослабел, язычники перешли к атакам.

Но большей проблемой было то, что Израиль стал смешиваться с языческой культурой, запрещенной Богом, и стал совершать грехи, вызывавшие гнев Божий. Они постоянно оказывались в одних и тех же ситуациях, потому что не слушались повелений Бога с искренней верой.

Всемогущий Бог был с Иисусом, и Он был не только его Богом, но и Богом всего Израиля. Прояви они веру, и Бог для них делал бы то же, что Он являл через Иисуса Навина. Бог желал, чтобы все сыны Израиля имели такую же смелую и крепкую веру, как Иисус.

Удел Иисуса Навина и Левитов

Все остальные колена, за исключением Левитов, получили надел земли на обоих берегах Иордана – восточном и западном. Но Иисус еще не получил удела. Он был могущественным служителем Божьим и вождем Израиля, но он получал свой надел последним.

Полученный им удел был около Фамнаф-Сараи, что на горе Ефремовой. Земля эта была настолько безлюдной, что ему пришлось строить город заново (Кн. Иисуса Навина, 19:49-50).

Он был человеком мужественной и крепкой веры, и, при его положении, ему должны были служить первому. Однако он служил всем и всегда уступал другим. Поэтому его признал Бог, и он стал преемником Моисея.

После того как все колена получили уделы, Левиты пришли к Иисусу и получили причитающееся им. Но, в отличие от других колен, удела земли им не полагалось.

Числа, 18:20, гласят: *«И сказал ГОСПОДЬ Аарону: в земле их не будешь иметь удела, и части не будет тебе между ними. Я часть твоя и удел твой среди сынов Израилевых».* Здесь сказано, что Сам Бог стал уделом и частью Левитов.

В обязанности Левитов входило приношение жертв и хранение скинии ГОСПОДА. Они должны были учить народ законам и заповедям Божьим (Второзаконие, 33:10).

Бог Сам стал их уделом, чтобы они сердцами не погрязли в мирских делах, но сосредоточились на служении Богу. То есть, вместо того чтобы дать им землю, с которой они могли бы снимать урожай, Бог позволил им жить на десятины и различные приношения, которые народ давал Богу.

Сегодня левитами являются пасторы и все те, кто в полном служении в церкви. И сегодня те, кто трудится в церкви, особенно пасторы, не могут по своему желанию стать пасторами или уйти с этого служения.

Все пасторы служат Богу и обязаны отдать Ему свою жизнь. Они не могут быть заняты ни на какой другой работе или в бизнесе в миру. Все их внимание должно быть сосредоточено на Божьих делах, потому что их единственным наделом является Сам Бог. Чтобы пасторы могли это исполнить, церковь и члены церкви обязаны их поддерживать.

Левиты не получили земли в удел, но им достались города, в которых они жили, и они использовали поля как пастбища для своего скота. Они получили город в каждом колене Израиля и, таким образом, жили среди всех колен Израиля.

В результате, каждый удел земли Израиля имел город левитов. Это означает, что каждое колено могло услышать Слово Божье и учиться у левитов, находящихся рядом с ними. Бог все устроил для народа Израиля так, чтобы народ этот всегда находился как можно ближе к заповедям Божьим.

Глава 12

«А я и дом мой, будем служить ГОСПОДУ»

- Последняя воля Иисуса Навина -

Книга Иисуса Навина, 24:14-15

«Итак, бойтесь ГОСПОДА и служите Ему в чистоте и искренности; отвергните богов, которым служили отцы ваши за рекою и в Египте, а служите ГОСПОДУ. Если же не угодно вам служить ГОСПОДУ, то изберите себе ныне, кому служить, богам ли, которым служили отцы ваши, бывшие за рекою, или богам Аморреев, в земле которых живете; а я и дом мой будем служить ГОСПОДУ».

Через семь лет, после начала завоеваний, Иисус победил всех Ханаанских царей и завоевал многие города Ханаана, но не все Хананеи были изгнаны. Многие жители рассеялись по территории страны, а некоторые пытались противостоять Израилю на своих «железных колесницах».

Конечно, силой Божьей они могли изгнать их с земли немедленно, но Бог вел Израильтян так, чтобы они подчиняли себе Ханаан постепенно, шаг за шагом, вместе с возрастанием их веры и доверия Богу. Более того, им было сложно удержать земли, пока они полностью ее не заселили.

На пустующие земли могли напасть соседи и отнять их. Земля без поселенцев могла стать бесплодной, и там бы появились дикие звери. Поэтому Бог сказал, что Он будет изгонять Хананеев понемногу, пока число Израильтян не возрастет настолько, что они сами займут весь Ханаан.

«Не выгоню их от лица твоего в один год, чтобы земля не сделалась пуста и не умножились против тебя звери полевые: мало-помалу буду прогонять их от тебя, доколе ты не размножишься и не возмешь во владение земли сей» (Исход, 23:29-30).

И все то долгое время, которое потребовалось для этого, каждое колено Израиля должно было сражаться и изгонять оставшихся на землях Хананеев.

Бог дал каждому колену землю в удел, велел им взять ее и пообещал, что изгонит Хананеев, какими бы сильными те ни были. Только результат будет разным, в зависимости от того, насколько преданно народ Израиля будет верить Божьему обетованию и как он будет действовать.

Прощальное слово вождя Иисуса Навина

Каждое колено, получившее удел, начало брать землю согласно своей вере и силам. Основываясь на том, что они усвоили от Иисуса Навина, некоторые просили у Бога совета или создавали личные планы для все большего завоевания земель Ханаана.

Прошло время, Иисус понимал, что состарился и времени у него осталось немного. И он ощутил необходимость еще раз напомнить народу о Божьем обетовании, чтобы они заново утвердились в своей вере. Так же, как и Моисей, перед тем, как предстать пред Богом, Иисус собрал народ Израиля вместе – старейшин, судей и начальников, и дал им последнее слово напутствия.

Его прощальное слово записано в Книге Иисуса Навина, 23:1. Говоря кратко, он велел им хранить Божьи заповеди, не отходить от Бога и неизменно любить Его.

«Посему во всей точности старайтесь хранить и исполнять все написанное в книге закона Моисеева, не уклоняясь от него ни направо, ни налево. Не сообщайтесь с сими народами, которые остались между вами; не воспоминайте имени богов их; не клянитесь [ими] и не служите им и не поклоняйтесь им, но прилепитесь к ГОСПОДУ, Богу вашему, как вы делали до сего дня» (Кн. Иисуса Навина, 23:6-8).

До этого Бог был с Иисусом Навином и давал Израилю удивительные победы. Бог обещал разгромить любого врага, каким бы сильным тот ни был, и дать народу Израиля всю землю Ханаанскую, если Израиль будет любить Бога, льнуть к Нему и исполнять Его заповеди.

«Один из вас прогоняет тысячу, ибо ГОСПОДЬ, Бог ваш, Сам сражается за вас, как говорил вам. Посему всячески старайтесь любить ГОСПОДА, Бога вашего» (Кн. Иисуса Навина, 23:10-11).

Иисус Навин напомнил еще раз, что нельзя вовлекаться в отношения с язычниками, о последствиях вероотступничества, об отказе от обетований Божьих и об идолопоклонстве.

«Если же вы отвратитесь и пристанете к

оставшимся из народов сих, которые остались между вами, и вступите в родство с ними и будете ходить к ним и они к вам, то знайте, что ГОСПОДЬ, Бог ваш не будет уже прогонять от вас народы сии, но они будут для вас петлею и сетью, бичом для ребр ваших и терном для глаз ваших, доколе не будете истреблены с сей доброй земли, которую дал вам ГОСПОДЬ, Бог ваш» (Кн. Иисуса Навина, 23:12-13).

Серьезное решение в Сехеме

Иисус Навин собрал народ в Сехеме, между горой Гевал и горой Гаризим, где они повторяли слова благословений и проклятий, чтобы прийти к серьезному решению.

Сначала Иисус напомнил им о верности Бога, исполнившего данное Аврааму обетование, и всемогуществе Бога, победившего и сильный Египет и семь племен Ханаана.

Если служение ГОСПОДУ Богу им было не угодно, он попросил их сделать выбор, какому богу они будут служить. Он еще раз потребовал от них иметь страх Божий, служить одному Богу от всего сердца (Кн. Иисуса Навина, 24:2-14). Иисус Навин призвал их со всей решительностью низвергнуть идолов и верно исполнять Заповеди Божьи.

«Если же не угодно вам служить ГОСПОДУ, то

избери́те себе́ ны́не, кому́ служи́ть, бога́м ли, кото́рым служи́ли отцы́ ва́ши, бы́вшие за реко́ю, и́ли бога́м Аморре́ев, в земле́ кото́рых живёте; а я и дом мой бу́дем служи́ть ГО́СПОДУ. И отвеча́л наро́д и сказа́л: нет, не бу́дет того́, что́бы мы оста́вили ГО́СПОДА и ста́ли служи́ть други́м бога́м!.. Иису́с сказа́л наро́ду: вы свиде́тели о себе́, что вы избра́ли себе́ ГО́СПОДА – служи́ть Ему́? Они́ отвеча́ли: свиде́тели» (Кн. Иису́са Нави́на, 24:15-16, 22.)

Как то́лько Иису́с Нави́н стро́го сказа́л: «*А я и дом мой бу́дем служи́ть ГО́СПОДУ*», сыны́ Изра́иля та́кже без колеба́ния ещё раз покля́лись: «*Мы бу́дем служи́ть ГО́СПОДУ Бо́гу на́шему и бу́дем слу́шаться его́ го́лоса*».

«*И заключи́л Иису́с с наро́дом заве́т в тот день и дал ему́ постановле́ния и зако́н в Сихе́ме*» (Кн. Иису́са Нави́на, 24:25).

Иису́с Нави́н заключи́л с ни́ми заве́т и опя́ть учи́л их Зако́ну Бо́жьему, что́бы служи́ть ГО́СПОДУ. Он установи́л большо́й ка́мень в па́мять об э́том. Пото́м он распусти́л наро́д по свои́м уде́лам. По́лная стра́сти и ве́ры, жизнь Иису́са Нави́на ти́хо зако́нчилась в во́зрасте 110 лет.

Эпилог
– Завоевание земли, где текут молоко и мед –

Завоевание верой, послушанием и посвящением

Мы рассмотрели путь народа Израиля в Землю Обетованную, Ханаан. Бог произвел великий народ от одного человека, и мы можем видеть, что каждый шаг этого пути отмерен точно и правильно.

История завоевания Ханаана подробно описана в пяти книгах: Исходе, Левите, Числах, Второзаконии и Книге Иисуса Навина. В Исходе говорится о рождении Моисея и начале Исхода из Египта. В Левите отражено сердце Бога, желающего, чтобы Его дети были святыми и освященными.

Книга Чисел пишет о терпении Бога, который вел свой народ, даже когда он не был послушен Ему и бунтовал в пустыне. Второзаконие знакомит нас с проповедью

Моисея, провозгласившего Слово Божье в трех разных местах на равнине Моава. Книга Иисуса Навина содержит историю второго поколения Исхода, завоевавшего Ханаан под водительством Иисуса, преемника Моисея.

Если обобщить историю завоевания Ханаана, то это будет: «Вера, послушание и посвящение». Израильтяне смогли взять Ханаан, когда стремились к нему и двигались вперед с верой.

Иисус Навин и Халев верили в обетование Божье и посвятили этому свои жизни. Их преданность исходила из веры и послушания. Бог желал, чтобы весь Израиль освятился за это время. Мы видим, что освящение Израильтян происходило шаг за шагом, по мере их продвижения к земле Ханаанской.

Когда Бог впервые призвал Моисея, он велел ему снять обувь. Духовный смысл этого в том, что ему надо было отбросить свои грехи и зло. Когда Бог дал Моисею Свой Закон, Он сначала потребовал, чтобы народ освятился.

Накануне перехода через реку Иордан, Бог тоже заставил их освятиться. Они должны были сделать обрезание перед самой битвой за Иерихон. Бог желает иметь освященных детей, потому что Бог может идти с нами, только если мы освящены.

«Итак, будьте совершенны, как совершен Отец ваш Небесный» (От Матфея, 5:48).

«Но, по примеру призвавшего вас Святаго, и сами будьте святы во всех поступках. Ибо написано: "будьте святы, потому что Я свят"» (1-е посл. Петра, 1:15-16).

Завоевание Ханаана – это путь веры

По какой причине пять из шестидесяти шести книг Библии посвящены истории Израиля и завоеванию Ханаана? Потому что завоевание земли Ханаанской является примером пути веры.

Для вышедших из Египта сыновей Израиля Бог разделил Красное море и дал им воду из скалы. Но со временем Бог начал требовать от них проявления веры. Например, когда они должны были пересечь Иордан, Бог велел священникам, несущим ковчег завета, ступить в воду реки, а уж потом река расступилась.

Когда они подошли к Иерихону, Бог велел им один раз в день обходить город в течение шести дней. На седьмой день они обошли город семь раз и воскликнули после этого в один голос. Это было нужно для того, чтобы увидеть их веру и послушание. И получение каждым коленом уделов земли показывает, что Бог действует согласно мере веры, при возрастании духа.

Жизнь на земле временна. И это - не прекращающаяся битва против сил тьмы и духов зла. Уже получив благословения, мы должны идти твердо вперед, всегда к следующему рубежу. Этот процесс будет продолжаться до тех пор, пока мы не войдем в Небесное Царство.

По сей день, Бог дает нам в Библии множество обетований благословения. Господь Иисус также обещал нам, что Он подготовит обители на Небесах и вернется за нами. Поэтому каждого, верующего в Слово Божье, записанное в Библии, и живущего с верой, Он поведет путем преуспевания и благословений. Верующие получат прекрасные обители в Небесном Царстве.

Несмотря на препятствия на нашем пути, нам надо иметь неизменное сердце, верить и доверять Богу полностью, не испытывая сомнений, как Иисус Навин и Халев.

Однажды полученному обещанию от Бога нам следует верить до самого конца. Мы не можем ни унывать, ни лениться, идти твердо, с верой, пока ни принесем достойный плод.

Послание к Евреям, 3:14, гласит: *«Ибо мы сделались причастниками Христу, если только начатую жизнь твердо сохраним до конца»*. Новый Иерусалим должен стать нашей целью, и пусть мы видим свои недостатки, и на пути встречаются трудности, мы никогда не изменим своей надежде.

Я молюсь во имя Господа, чтобы Бог всегда вел вас к благословениям молоком и медом и в конце концов дал вам вкусить вечные благословения в Царстве Небесном.

Автор
д-р Джей Рок Ли

Д-р Джей Рок Ли родился в городе Муан, в провинции Джэоннам Южной Корейской Республики, в 1943 году. Начиная с двадцати лет, д-р Ли страдал от различных неизлечимых заболеваний и в течение семи лет жил в ожидании смерти, без всякой надежды на исцеление. Но однажды, весной 1974 года, сестра привела его в церковь, где он, упав на колени, молился, и Живой Бог сразу исцелил его от всех болезней.

С той минуты, как д-р Ли чудесным образом встретился с Живым Богом, он искренне возлюбил Его всем сердцем, и в 1978 году он был призван на служение Богу. Он усердно молился и неустанно постился, чтобы ясно понять волю Божью, полностью исполнить ее и повиноваться каждому слову Божьему. В 1982 году он основал Центральную церковь «Манмин» в городе Сеуле (Южная Корея), и с того момента бесчисленные дела Божьи, включая чудесные исцеления и знамения Божьи, были явлены в этой церкви.

В 1986 году д-р Ли был рукоположен в сан пастора на ежегодной Ассамблее Корейской церкви Христа в Сингкуоле, а спустя ещё четыре года, в 1990 году, его проповеди начали транслироваться в Австралии, России, на Филиппинах и во многих других странах, а также по каналам «Дальневосточной вещательной компании», «Азиатской вещательной компании» и «Вашингтонской христианской радиостанции».

Через три года, то есть в 1993 году, журнал *Христианский Мир* (США) внес Центральную церковь «Манмин» в список пятидесяти лучших церквей мира; колледж Христианской веры в штате Флорида (США) присвоил д-ру Ли степень почетного доктора богословия, а в 1996 году Теологическая семинария Кингсвэй (штат Айова, США) присвоила ему степень доктора христианского служения.

С 1993 года д-р Ли, проведя крусейды в Израиле, США, Танзании, Аргентине, Уганде, Японии, Пакистане, Кении, на Филиппинах, в Гондурасе, Индии, России, Германии и Перу, вошел в ряд лидеров мировой миссионерской деятельности.

В 2002 году, за его труд по проведению ряда впечатляющих объединенных крусейдов, ведущие христианские газеты Кореи назвали его «пастором всемирного пробуждения». Особенно отмечена его Нью-Йоркская евангелизационная кампания 2006 года, прошедшая в «Madison Square Garden», которая транслировалась в 220-ти странах мира.

Также особо отмечен Объединенный крусейд в Израиле в 2009 году, прошедший в международном Центре конгрессов Иерусалима, когда Иисус Христос был открыто провозглашен Мессией и Спасителем. Тогда проповеди д-ра Джей Рока Ли через спутниковое вещание транслировались на 176 стран.

В 2009-м и 2010 годах ведущий христианский мега-портал «In Victory», а также новостное агентство *Christian Telegraph* назвали д-ра Ли одним из 10-ти ведущих христианских лидеров мира.

По данным на сентябрь 2017 года, Центральная церковь «Манмин» объединяет более 130.000 членов. У церкви более 11.000 дочерних и ассоциативных церквей во всем мире, включая 56 филиала в самой Корее. Кроме того, более 98-ти миссионеров направлены в 23 страны, включая США, Россию, Германию, Канаду, Японию, Китай, Францию, Индию, Кению и многие другие страны.

На момент публикации этой книги д-р Ли написал 109-х книг, в том числе такие бестселлеры, как *Откровение о вечной жизни в преддверии смерти*, *Моя Жизнь, Моя Вера* (I и II), *Слово о Кресте*, *Мера Веры*, *Небеса* (I и II), *Ад* и *Сила Божья*. Его книги уже переведены на 76 языков мира.

Его статьи на тему христианской веры регулярно публикуются в следующих периодических изданиях: *The Hankook Ilbo, The JoongAng Daily, The Chosun Ilbo, The Dong-A Ilbo, The Hankyoreh Shinmun, The Seoul Shinmun, The Kyunghyang Shinmun, The Korea Economic Daily, The Shisa News* и *The Christian Press*.

В настоящее время д-р Ли возглавляет многие миссионерские организации и ассоциации. Он, в частности, является главой правления Объединенной церкви святости Иисуса Христа, президентом Международной миссионерской организации Манмин, основателем и главой правлений «Глобальной христианской сети» (GCN), «Всемирной сети врачей-христиан» (WCDN) и Международной семинарии Манмин (MIS).

Небеса I и II

Красочное и подробное описание прекрасных обителей, где блаженствуют граждане Небес, и превосходное разъяснение различных уровней Небесных царств.

Ад

Бог искренен в своем послании человечеству, так как желает, чтобы ни единая душа не оказалась в бездне ада! Вы узнаете о чудовищной жестокости Нижней могилы и ада.

Слово о Кресте

Действенная пробуждающая проповедь для всех, кто пребывает в духовном сне. Прочтя эту книгу, вы узнаете, почему Иисус является единственным Спасителем и истинной любовью Бога.

Откровения о вечной жизни в преддверии смерти

Воспоминания-исповедь преподобного д-ра Джей Рока Ли, рассказ о рождении свыше, спасении и жизни человека, ведущего христианскую жизнь, достойную подражания.

Мера Веры

Какая обитель и какие венцы и награды приготовлены для вас на Небесах? Эта книга содержит в себе мудрость и наставления, необходимые для того, чтобы измерить свою веру и взрастить ее до меры полной зрелости.

www.ingramcontent.com/pod-product-compliance
Lightning Source LLC
Chambersburg PA
CBHW020234130626
46549CB00005B/1879